髑髏杯

どくろ杯

金子光晴

楊明綺——譯

Contents

推薦序

臺灣大學日文系副教授　洪瑟君

金子光晴生於一八九五年（明治二八年），為日本近代詩人，本名安和，金子光晴是其筆名。其著名的詩集《鮫》當中描述了許多對帝國主義侵略的反感與抵抗，因此後世多以「反戰詩人」或「抵抗詩人」來稱呼金子光晴。

和其他走著菁英路線、一路順遂的作家不同，金子光晴的前半生可說是曲折離奇、顛沛流離。光晴三歲被送養至金子家，和原生父母間的情感淡薄。中學畢業後陸續念過早稻田大學高等預科、東京美術學校預科、慶應大學文學部預科等學校，但最後皆因病或成績不佳以輟學收場。一九一八年光晴的養父過世留下大筆遺產，託遺產之福，光晴踏上其生涯中的第一次歐洲之旅。歷時兩年的歐洲行開啟了光晴的視野，促成光晴完成第一本詩集《金龜子》，卻也讓他散盡家產。之後，光晴過著貧窮文人的生活，在因緣際會下遇見終身伴侶森三千代。當時就讀於東京女子高等師範學校的森三千代可說是思想前衛的新時代女性，兩人先上車後補票未婚先孕，展開一段分分合合、各自心有所屬、不斷重複結婚離婚、又再次結婚離婚的奇妙婚姻生活。

與森三千代的結合，之後輾轉地促成了光晴第二次的歐洲行。結婚後，原本就手頭拮据的光晴更是每天得為了柴米油鹽醬醋茶而傷透腦筋，年輕小夫妻帶著孩子，多次面臨積欠房租而不得不半夜捲鋪蓋潛逃的窘境。一九二七年三月，苦於生計的光晴拋下妻兒獨自前往上海旅行散心，回國時卻發現妻子已移情別戀。為了斬斷妻子的不倫戀挽回婚姻，光晴毅然決然地向妻子提議前往歐洲。當時對未來毫無任何計畫也不抱持任何希望，只為了離開日本而決定遠赴歐洲的光晴與三千代，在上海待了約五個月後，為了籌措旅費而展開將近半年的南洋放浪之旅（一九二九年六月～十一月），好不容易存夠了一人份的旅費，光晴先將三千代送上了前往歐洲的船，自己則繼續留在南洋四處打工賺取旅費。一九三〇年一月，光晴終於在巴黎與三千代會合，兩人在歐洲卻仍然得過著想盡辦法賺錢謀生的日子。兩年後光晴獨自先行回國，途中再次滯留新加坡與馬來半島，終於在一九三二年五月再次踏上日本的國土。歷經這數年的異國放浪體驗，光晴在晚年寫下了可稱之為自傳三部作的

《骷髏杯》、《沉睡巴黎》、《西東》，而放浪南洋的經歷與見聞則孕育出日後的作品《馬來蘭印紀行》及《鮫》《南方詩集》等詩集。

《骷髏杯》是金子光晴自傳三部作的首部作品，全書以回憶式的記述手法撰寫，從關東大地震後的日常生活、與三千代自相識至結婚的過程、兩人婚後的生活點滴、發覺妻子外遇時的內心糾葛，一直記錄到兩人離開日本途經上海、香港，最後在新加坡的碼頭將三千代送上前往歐洲的船為止。自傳形式的描述方式，偶爾不免顯得叨叨絮絮，但從光晴細膩的日常生活記述當中，我們可以看到當時日本文壇文人雅士們的生活方式與交流互動的一面；亦可透過光晴的視角，得知當時日本人眼中所看到的上海景象以及對上海的評價，甚至勾勒出當時中日兩國文人之間的交流情況。晚年的光晴在《骷髏杯》中回顧自己前半生的荒唐經歷，私毫不手軟的剖析自己的心境、將自己貧窮落魄的悲慘境遇赤裸裸地呈現在讀者眼前，文中敘述時而令人心痛，時而令人不禁莞爾；詩人優美的用字遣詞，在描繪各地風景時更展現出其深厚的文學底蘊。《骷髏杯》，絕非一本歡樂的遊記，但透過《骷髏杯》，你可以讀懂金子光晴，可以窺見金子光晴所存在的年代，更可以拼湊出那個時代的世界。

開端

人生有時就是明知不會有什麼好結果，還是非要去做，或是熱衷於不知有何成效的事，卻覺得這就是生存價值。我之所以耗時七年，沒目標也沒錢，突然決定遠行海外，除了覺得自己辦得到之外，也是因為大正時代結束後的日本社會不再那麼緊繃，取而代之的是不想再談什麼嚴肅複雜之事，世間氛圍變得餘裕許多的關係。那時，想遠走他鄉的人不只我，出國不但成了年輕人的口頭禪，也是因為當時尊老的世間風氣對於黃毛小子來說，並不友善。想到異鄉一展雄心壯志，「厭倦住在狹隘的日本」；再者，明治末年的感傷總算褪去，比起國家大事，大正之子只關心自己。

要說哪裡是不需要護照，便能輕易從日本到達的地方，就是滿洲與上海。

儘管是處不易謀生之所，氛圍也不同，但滿洲是我帶著妻子，一起種下松杉的土地，上海則是我孤身一人從人前消失，蹉跎了一、兩年歲月的地方。不少浪人像前輩前野孝雄一樣，身著和服正裝前往滿蒙，頻頻宣示不再回日本，卻一再往返上海，還一派理直氣壯卻一事無成的度過半生。一旦沁染上海的泥水，就覺得回到日本既無趣且煩躁。於是，我偕妻從上海到蘇、杭、南京與江南，遊歷兩個月後回來，始終忘不了那種閒適感（要是對骯髒一事不太在乎的話，物價便宜，生活頗自在是一大魅力），結果同年春天，我當起東道主，慫恿友人夫婦一起去了趟上海。沒想到這事成了開端，同年臘月又因為不可抗力之事，託妻子位於長崎的娘家照顧幼子，再次偕妻第三次踏上滬這塊土地。結果這趟旅程就這樣延續著，先是在爪哇（現在的印尼）、馬來西亞待了半年，接著又去了巴黎、倫敦、布魯塞爾，成了長達七年的漫長旅途。我明白這麼做很荒唐，但之所以決意前行是因為自己的心在蠢動，心心念念的土地向我招手的緣故。當我把這趟旅行放在砧板上料理時，不知如何下刀，也不曉得如何剁碎，完全不知如何是好。畢竟是四十多年前的往事，記憶磨滅，人事已非，敘事脈絡也很片段，不確定的地方很多；但這樣也沒什麼不好，至少可以不害臊地像在訴說別人的事情，笑談自己不足為外人道的事。

大正十二年九月一日（一九二三年）發生關東大地震，東京、橫濱發生大火災，十萬人被燒成紅色的松木材屑，散布在燃燒殆盡的瓦礫堆中。地震本身沒那麼恐怖，但足以摧毀一切的災害有如一幅幅逼真不已，精緻巧妙的地獄圖，讓人不寒而慄。人們隔岸觀火似的望著成了沸水的本所深川大川，用鈎子從河裡撈出的屍體堆得如山高；即便都到了這種時候，人類還是只有欲望最積極，聽說逮捕了不少用剪子切斷浮腫到無法分辨性別的屍體的手指，盜走戒指，偷了滿滿一袋金銀財寶的盜賊。據說這場大火奪走十萬人的性命，強風吹得頭顱大的石頭隨著鐵皮屋頂，以及無處可逃的男男女女從高處摔落，促使人們不得不目擊渾身碎裂，腦漿迸發的慘狀。這十天來，到處還是殘火四起，那景象就像施魔法的巫婆一指，黃色、紅色、螢火蟲的顏色、霓虹紫並列，還不時跳躍，宛如鬼火搖曳，光看就覺得美。

回首那時，日本的運勢正逢關卡，從顛峰跌入深淵，就像一陣肉眼無法瞧見的潮濕之風，悄悄潛入人們心中。任誰都感受得到、默默頷首承認地震發生前的日本，與震後的日本就連空氣的味道也不一樣。因為連承載著自己的大地都不信任，且這般不信任感也擴及各層面。應該說，地震是一種警告，讓我們明白隨時都得留心四周的巨變與莫大虛無。自這瞬間起，生活在明治政府好不容易建立，以萬代不動搖為目標的國家權力之下，早已習慣把一切託付政府的人民似乎隱約察覺自己並非立於無可動搖的地盤上；雖說如此，卻也只是一小部分人的內心一隅很不安，有著無法消弭的違和感，而且愈來愈多機會知道小小的不安與大大的失落、徬徨有關。要說帶給人們最衝擊的事，莫過於天災地變紛亂之際，有名青年將校與所屬士兵，拘禁崇尚社會主義的名人夫妻，連年紀可當自己甥兒的六歲小孩也一起勒斃的事件。這是一起不受世人歡迎的軍人怨恨汲取大正自由主義氣息百姓的例證。結果政府無視輿論抨擊，彷彿包庇賭徒般，趁亂悄悄地將犯人送至法治外的半殖民地滿洲，一直包庇在關東軍泥沼中打混的他們，直到中日戰爭開打。活脫脫就是重現三流電影裡惡官與狡犯的嘴臉。回溯我這趟不堪之旅的契機，就是因為那場地震。

那年七月，我的詩集《金龜子》問世，前輩詩人福士幸次郎[1]情義相挺，為我在銀座尾張町某間餐廳的二樓舉行出版紀念會。之後過了一個多月的九月一日，

1　一八八九—一九四六年，日本詩人，代表作《太陽之子詩集》等。（編按：本書所有註釋皆為譯者所註。）

彷彿要瓦解我今後的希望與計畫般，大地平等地銷毀所有東西的評價，專門出版藝文評論雜誌的出版社被燒毀、有些文學家、詩人失蹤；雖然我們感受到文壇可能一時無法重起，無法回復原樣的事實，但年輕就是無所懼，我們這些三流詩人一時之間心中的緊繃感似乎消失，胃像被幾噸的水洗過，只帶著用燒毀屋瓦盛著的玄米飯糰，步行三里路找尋夥伴。在這生不逢時的時節，聊些危險話題。由我結束關於《水都幻談詩選》（Henri de Régnier）[2]的話題，緊接著是名叫勒內．吉爾（René Ghil）[3]，頭戴高禮帽，插朵玫瑰的無名詩人堂堂登場；雖然我們與不再噤聲、無數今日的戰後派詩人們的際遇頗相似，但我這世代有一點不同，那就是更為特立獨行。我的情緒不穩，促使別人對我有所顧忌，搞不好還懷疑我和那些偷兒同夥。

總之，那年秋天異常炎熱，時序進入十一月，依舊日日是刺辣辣的旱天，加上時有強烈餘震，人心惶惶不已；但後來想想，這場天災似乎是為了我這個優柔寡斷之人開的心情特效藥；雖然光是看到工人用鈎子撈起一具具遺體就讓我深感人生無常，但我們離菩提心還很遠。

過了一段時日，我從後門瞧見死裡逃生，一籌莫展的人們來到我那位於一樣也是受災區的牛込元町崖下，一戶人家玄關旁的三疊榻榻米大房間。先是看到住在深川的一家人從快要滅頂的河裡撿回一條命的福士幸次郎，接著是像在追鳥的女人般，捲起衣襬，腳踏草鞋的百田宗治[4]，以及他的妻子琹女士也一副悲慘又嬌媚的模樣幽幽現身。災後十天，他們那住在淺草山的親人依舊生死未卜。一個月之後，總算開始傳來許多人的消息，像是與下町緣分甚深的亡父認識的許多人都遭逢慘事。亡父曾任職的建築公司「清水組」的外包商，一對老夫婦在軍服工廠避難，結果和好幾萬人一起歿於大火，還有在開二手衣店的親戚家，負責整理和服布料的店長則是失去雙手手掌；大火促使氣溫變化，猛然竄出強風，趴在地上的他雙手緊抓日暮里車站的專用道鐵軌。風沙大到無法睜眼，沒想到載貨用的列車被風吹得悄無聲息地從他手上碾過，那時他毫無痛感，只想著發生什麼不得

2 亨利・德・列尼葉，法國象徵主義詩人、小說家。

3 一八六二—一九二五年，法國詩人。

4 一八九三—一九五五年，大正、昭和時期的詩人、兒童文學家。

了的事。總之，這般慘事說也說不完。幸好返鄉省親的學生們還沒回來，算是不幸中的大幸。

聚集在我的小房間裡，矢志成為詩人的少年們幾乎不在東京。就連小日向水道町的三等郵局局長的兒子，有著天生好嗓的宮島貞丈也去了趟埼玉，小松信太郎[5]則是回福島；在畫布塗滿鮮紅色的新銳畫家牧野勝彥[6]則是回名古屋的親戚家。我的身邊冷清寂寥，加上工作沒著落，也提不起勁，待在東京也是滿目蕭條；就在我不知所措時，家裡沒什麼存糧，也沒有能拿去典當的東西，生計陷入困頓的我有如待風吹來的小船，只能靜待未知的命運轉動，偶然的邀約到訪。

「來吧。等你。」牧野從名古屋發來的電報有如救命繩索。於是我向人借了去程的旅費，搭乘夜行列車離開東京，深怕錯過這次機會。牧野的家位於市場尾端，一處名為清水町的地方，成排盡是低到彷彿貼地的平房，還有很多空地。牧野的父親是退伍的陸軍騎兵大佐，蓄著威嚴十足的軍人鬍，沉默寡言，倒是頗好相處。不同於身形瘦削的父親，體型圓滾，說話時總是喘著氣的母親喜歡照顧別人，也容易相信別人，有著就算遭到背叛也不會一直記恨的個性。勝彥是家中長子，還有滿彥、泰彥、正子、津賀子、八重子，這幾個兄弟姊妹。男孩子們住在另外搭建的鐵皮屋，兩三個人一起挨著睡一床被褥，棉被舊到上頭的圖樣模糊不清，裡頭塞的棉花也舊到翻身時會有殘絮分離感；與孩子們一起生活的我彷彿成了孩子王，這讓走投無路，只想逃離東京的我因為這裡的生活，得以暫時忘卻野心與執著，來到這裡才讓內心的痛楚消失，遠離悲傷。如果可以的話，多希望能永遠待在這裡。當時的勝彥像被附身似的崇拜我，對於我的一言一行不論是非的跟從。其實這般關係越深，伴隨的危險越大，畢竟對方也會成長，一旦當他發現自己的忠誠愚不可及時，可能不只是乾脆離去，還會想討回什麼。這種事頗常見。那時的我深知這道理，和他保持某種程度的良好關係，畢竟一時也沒有其他方法能撫慰寂寥的心。出了他家的木製後門，枯萎草地上有一條路，路的兩旁散置幾戶屋頂很低的房子，瞧見其中一戶就算在白天也很昏暗的房間裡冒出幾顆頭，原來這裡住著老尼姑和年輕尼姑。尼姑們有時進行著奇妙的修行儀式，有時則是操

5 一九〇二—一九八七年，政治家、眾議院議員。

6 一九〇四—一九五七年，筆名牧野吉晴，日本美術評論家、小說家。

著名古屋腔和嬉鬧路過的年輕人聊上幾句。尼姑的存在有如流經人生最低谷的水，聽到生命悄然流逝。我開始四處漂泊時，聽到的就是人心深處最初也是最秘密的潺潺水聲。

我和想說送些煎餅給尼姑們的勝彥一起過去。我在門口等待，勝彥大大方方地走進去。小庭院裡長著山菊，還有結著花苞的茶樹，十一月的寒風搔弄一番這個照不到陽光的家之後呼嘯離去。勝彥揣度我的心思，帶了一位年輕尼姑過來。長得頗為秀氣的她卻面容憔悴，像是生病似的暗沉，身上還飄著一股並非體臭的食物腐敗味。我們邀請她一同出遊，她倒是去哪兒都跟著，來到看得到名古屋城的路邊燒烤小攤，似乎怕燙的她等著用味道濃郁的名古屋味噌燉煮的芋頭、蒟蒻冷掉後隨即狼吞虎嚥地吃著。勝彥與我面面相覷，望著尼姑的那顆平頭與劇烈動著的太陽穴。我在這趟旅行的第一處驛站——名古屋逗留一個月，生活雖平淡，但旅行帶來的解放感抹消從悲慘東京一路拖沓的憂愁思緒。在名古屋這段平淡生活中，要說有什麼稍微衝擊的事，那就是尼姑一事以及勝彥說有個名叫井口蕉花[7]的男子想見我一面。

個頭嬌小，微微駝背的他一臉像被追趕的小野獸般哀愁，穿著不合身的斗篷。一屁股坐在榻榻米上，在牧野催促下，吞吞吐吐地說出他想請我幫忙的事。井口曾以「本間五丈原」之名投稿詩與散文，刊登於《秀才文壇》。我倒是聽聞過本間五丈原這名字，但因為實在無法和他聯想一塊，所以我再三確認；不過，這男的乍見一副慘樣，內心卻燃著火焰，有時頗璀璨，而且我看過他的詩作後，意外萌生一個想法。於是在勝彥的陪同下，造訪他工作的地方。他的工作是幫瀨戶的陶瓷器繪製花樣，瞧見他正在紅茶杯的小碟子上繪製藤蔓花樣，頭低到眼睛都快貼在紙上了。他說為了名古屋的詩人著想，希望我能一直長住於此，「這頗困難。就算牧野家肯收留我，也不能一直麻煩他們。我在這裡無法營生，況且還有像高木這樣的人，更適合照顧名古屋的詩界。」我乾脆回道。高木是指佐藤惣之助[8]的門生高木斐瑳雄[9]，他家經營釉料批發，家境富裕。井口一臉落寞地望著我有

7 一八九六—一九二四年，著有《井口蕉花詩集》。

8 一八九〇—一九四二年，詩人、作詞家。代表作品有〈赤城的搖籃曲〉。

9 一八九九—一九五三年，詩人。代表作品有〈寒曬〉。

好一會兒後，忽然想起什麼似的從懷裡掏出繫著長繩，有點髒汙的布包，在陳舊榻榻米上倒出一些硬幣，再一枚枚拾起疊放。全是五十日圓硬幣，二十枚一疊，疊了三個。一旁的勝彥也靜靜地瞅著。我不明白他這舉動的意思，是要我別擔心錢的事，他靠工作存了這些錢？還是羞於啟齒，只好這麼出示給我看呢？那時沒能問清楚的怯弱與猶豫直到現在還殘存心中。年輕這玩意兒就是不夠成熟，思慮不周，加上無聊的自尊，看不清事情輕重，盡做些、說些違背心意的事。年輕時就算每天佯裝聰穎，也多是偏見與慘事。離開井口家之後，勝彥對我說：「那是他請你拿去用的一番心意，只是羞於啟齒。」勝彥似乎看穿我的心思，但對於心頗脆弱的我來說，這番解釋就像是瞭解我的物欲而代為發言，聽來格外令人悲傷。勝彥總是能道出我的心思，幫我開路，無奈這世間卻對年輕的他不友善。他為我的懷才不遇而忿忿不平，替我抱屈，還到處嘲諷東京的詩人文士。我提不起勁制止他，只是漠然地看著這一切，因為他那般稚氣未脫的模樣反倒安慰了我。

清水町有間專門供唱曲、演戲等表演的老舊小屋。我和勝彥每晚都會去那裡打發時間。當地的唱曲表演者有原嘉六、港家儀蝶，還有從大阪來的中川伊勢吉與海老藏、藤川友春（因為罹患癩病，所以是隔著簾子表演）等名家，有時還會連演兩晚。每次曲調一出來，勝彥就像屁股被釣起似的動個不停。在這裡還能看到身穿素紋大袍這般正式服裝的表演者演出御前萬歲[10]。這間木屋的建築工法精湛，可惜後來聽說匯聚日本人智慧的精細工藝卻不待空襲，毀於祝融。黑土乾涸，成了一片白，已近臘月的名古屋，因結霜而枯萎的白蘿蔔葉子掉落路旁，在這鄉下地方、冷清小鎮，每戶人家的生活都有著一抹哀愁氣息。來聽曲子訴說人情義理的觀眾幾乎都是上了年紀的人，二十九歲（虛歲）的我與十八歲的勝彥算是年輕客。勝彥的父親領退休俸，所以不用工作，過著每天跑去開始結上一層薄冰的名古屋城外壕釣魚的日子。他把釣到的鯰魚做成蒲燒，差遣從本屋去上女校的女兒正子來喚我過去一同享用。一邊晚酌的他絮絮叨叨地說著他在日俄一役時，以乃木大將麾下的中尉身分拔擢為聯隊旗手，沒想到南山大激戰時，酩酊大醉的他竟被敵人奪走聯隊旗，幸好大將寬容不追究他的過錯。可能想到我雖年輕，但畢

10　用歌舞祈願新的一年萬事興榮的一種鄉土歌藝表演。

竟是他兒子的老師，所以口氣較為莊重。酒足飯飽後，勝彥的父親坐直身子，吞吞吐吐地問我這個前途未卜，此時已半放棄創作之人，他那行事衝動，心浮氣躁的兒子將來是否能成為留名青史的詩人。「勝彥有天賦，無論是詩還是繪畫都有大好前程可期。」勝彥的前途明明比我還吉凶未卜，但為了安撫他父親的心，我只好勉強吐出這番話。

以我為首，勝彥和他的弟弟們，也不知道是誰起的頭，患了一種稱為白癬的私處皮膚病。因為一起生活的關係，就這樣傳染開來。我們偷偷地把手伸向胯下，拚命搔著。因為患部越搔越擴大，於是我叫他們圍坐成一圈，用藥瓶附的小刷子逐一幫他們上藥。一擦上這瓶名為「YOHJI 水」的藥，像是被潑灑硫酸般灼熱，熱到睪丸縮起。「這藥好烈喔！好烈喔！」我拿扇子幫他們搧著。此時，井口蕉花探頭探腦地走進來。他看著一群咬牙切齒的平頭小鬼盤坐的光景有好一會兒，才甩了一下大衣下襬，默默地抓起皺皺的前襬，加入我們的圍圈陣容，看起來活像入會儀式。雖是玩笑話，其實內心頗感傷。這城市位於日本的中心地帶，近似我的故鄉，蕭瑟風景催化旅人憂愁的心，有著東海遊俠氣質人們的心是如此令人憐愛。說穿了，日本人就是愛哭鬼，只是忍耐著、逞強著，不示弱地努力活著；而外顯的強勢，像是權力、偶像崇拜或人情義理之類的屏障，一旦沒了能夠憑藉的東西，頃刻便分崩離析。對於那時的名古屋百姓而言，像是天野屋利兵衛[11]、紀伊國屋文左衛門[12]，還有野狐三次[13]等，都是曲子、祭文常提到的人物典範。不僅名古屋，甚至日本各地，隨著一樽樽的酒巡迴，萬人共同陶醉的旋律有如熬煮的醬油味般沁入人心，明治、大正、昭和也不厭倦地承繼，時至今日的電視、廣播依舊播放著。始終感傷的我總覺得名古屋宛如有股土腥味的深灰色萬金膏般牢牢貼付人心。

一樣出身津島的前輩野口米次郎[14]老師的文藝講座於名古屋市的公會堂舉行，長這麼大第一次在那麼多人面前講話的我負責開場。我向牧野的父親借了和

11 一六六一—一七三三年，江戶時代的大阪商人。
12 一六六九—？，江戶時代的商人。
13 戲曲中出現的英雄人物，因為背上有狐形圖案，所以有此稱謂。
14 一八七五—一九四七年，明治～昭和前期的英籍詩人、小說家、評論家，代表作有《芭蕉論》、《藝術殿》。

服正裝，在一片像是在幫贅婿加油打氣的鼓譟聲中出門。野口老師準備開口時，會場瞬間變暗，桌上立著兩根蠟燭，在燭光營造的幽玄神秘氛圍中演講更有效果，這可是一大趣意。無奈老師的舞台效果因為一群來湊趣的學生而有些走調。我的開場白就別提了，不但活像箱河豚般噎得說不出話來，講詞前後不一，中途還被打斷；但我還是收到演講的謝禮，以及老師設法籌措的些許酬勞，夠我作為從名古屋出發的旅費。「東京已經逐漸復興，但少了牛込的『波特萊爾』，便無法成形。」我收到川崎的佐藤惣之助寄來的信。牛込的「波特萊爾」是百田宗治給我取的綽號，我也回敬他「八角時鐘」的綽號，惣之助是「燒賣」，室生是「牛尾魚」，每個人都有綽號。我沒把這裡的地址告訴任何人，看來八成是高木斐瑳雄告訴他的。無視惣之助慫恿的我還不想回東京，帶著勝彥往西行。

新的一年到來，大正十三年春天正月末，我們一路從京都，行至伏見、木津。因為我是九月結束時從東京出發，所以從名古屋出發遠行時，牧野的母親看不下去，所以我身上穿的是他父親作為餞別禮的和服，裡頭穿著牧野的妹妹織給我的毛衣，即便穿成這樣，京都的寒冷還是從皮膚沁入心底。商旅是三到四人一間房，明明如此寒冷卻有跳蚤，害我只能淺眠。我們這般像是太夫[15]與才藏[16]，脾性相契的兩人之旅雖然寒酸，但事後回想倒是一趟頗多美好回憶的愉快旅行。一眼望去盡是枯萎蘆葦的巨椋池滿水景色如今已不留痕跡，卻永遠烙印在我的眼底。兩個單身男人的友情，姑且不論哪個是老婆角色，哪個是連水都沒得喝的彌次、喜多，只要有一方和女人搭上關係，友情就會告吹，留下的只有恨意。

勝彥的手相占卜就連旅途方向、明日天氣如何都能解。他的這項特殊才能很神，當他專注盯著別人的手掌時，身體就會發麻，雜念盡除，彷彿有人在他耳邊說話，這是他告訴我的。其實他自己也不是很相信這種事就是了。但，這項才能倒是能增進我們之間的情誼，好比「別搭汽車」這預知如同「Annunciation」（聖母領報、天使報喜）。我們走了十幾天的路，來到兵庫縣東南部的西之宮一處叫做西之宮戎之社的地方。

這裡是我們這趟旅程的終點站，我的親妹妹婚後與任教關西大學的丈夫河野

15 藝伎的最高位階。
16 從旁幫腔的人。

密，就是在這裡共築小家庭。妹妹捨子那時還在讀女校，我和牧野在年輕夫婦的狹窄家屋二樓暫住一個月；雖然和河野只有晚上才打得到照面，但他總是一邊開心聆賞巧扮活動弁士[17]的勝彥唱曲，一邊吃著他買來一籃大到抱不住的橘子。一次吃上五顆、十顆，橘皮堆成小山，也算是一種技藝吧。我為了發想〈水之流浪〉之類的落魄詩作，所以總是獨自閒晃至看得到戎社，還有明明盡是和風船隻卻帆柱林立的港邊，像是〈新造船〉、〈古靴店〉之類的詩作都是這時的收穫，也頻頻造訪位於帝塚山的佐藤紅綠[18]老師的府邸。我和老師結識於牛込的姿見弓道場，常和中村武羅夫[19]、新潮社的總編輯中根駒十郎[20]、青年社員加藤武雄[21]等一起拉弓（其他還有狩獵官花弓岡崎子爵，以及酒廠少爺富久娘），他也是福士幸次郎的恩師。SATO HATIRO[22]少年是佐藤老師的長子，他和獨步的兒子國木田虎雄[23]，以及中日戰爭時在天津創立《京津日日新聞》的永瀨三吾[24]組成「紅外套組」，常去神樂坂一帶閒晃，也不時來我的三疊大房間。這三個年輕小鬼都是福士的門生，也參與由我負責編輯，福士創辦的雜誌《樂園》。紅綠先生是文壇大老，帶頭提倡藝術大眾化，還創立淺草的觀音劇場，公演自己的作品；無奈他和神經質文壇屬性不合，遷居關西，在報紙上連載小說。老師那有如牛肉屋般氣派的三層樓府邸寄宿著應該是從事戲劇表演的食客，以及窮書生們。一派老大哥樣的紅綠老師對人沒什麼好惡，一視同仁的對待這些青年學子，骨子裡有著孟嘗君、信陵君之流的東方氣質吧。我給老師取了個「唐子」的綽號。八成察覺到我想回東京吧。老師馬上用紙包了一大筆錢，資助我返鄉。於是，我和勝彥回到闊別半年的東京。

17 無聲電影的解說員。
18 一八七四—一九四九年，本名佐藤洽六年，劇作家、小說家。
19 一八八六—一九四九年，編輯、小說家、評論家。
20 一八八二—一九六四年，與佐藤義亮一起創立新潮社。
21 一八八八—一九五六年，大正、昭和時期的小說家。
22 一九〇三—一九七三年，本名佐藤八郎，詩人、作詞家，也是作家。
23 一九〇二—一九七〇年，詩人，國木田獨步與第二任妻子生的長子。
24 一九〇二—一九九〇年，昭和後期的推理作家，也是京津新聞的社長。

男人的友情因為一個女人的出現而決裂的理由，不單是出於嫉妒這本能，也與力學不均衡這般物理現象有關。宮島與牧野還是處男，至於我的話，一九一九年初次前往歐洲之前斬斷一段複雜關係後，就過著表面上有如悟道和尚般的生活。牧野的長相一看就是沒異性緣，宮島則是成天嚷著好想擁著女人，還一副發生天大事似的向我報告他跑到吉原卻沒勇氣登樓一事，甚至還說自己會夢遺、手淫。他父親是刑警，所以他偷偷帶著被警方沒收的春畫、裸女照片，跑來找我。春畫是日俄戰爭時，為了讓軍隊帶著上戰場而大量印刷的粗製濫造品，繪著大鬍子將軍摟著護士，還配上一句：「你看你看！旅順淪陷囉！」我和宮島結識於平野威馬雄[25]他家，因為赤城元町離他住的小日向水道町很近，所以他從局裡下班後，幾乎每晚都會來我這三疊大房間。喜歡曲藝的他擅長模仿落語家，總是說些俏皮話逗樂別人。勝彥和我一起住在這三疊大房間，睡覺時他橫躺在我的腳邊，兩人呈T字形就寢。身邊有此年少友人相伴的我就這樣渾噩度日，即使生活越發捉襟見肘，卻依舊吊兒郎當，只是表面佯裝老成罷了。眼看二字頭的人生已近尾聲，卻虛擲青春黃昏的我總算開始著急心慌。我這般看起來彆扭又隱晦的生存之道，看在詩人好友眼中就是一個怪字；即便如此，我還是無法捨棄對於詩作《金龜子》的自負與自詡時尚感。《金龜子》讓詩人朋友們對我的前途刮目相看，我身邊的年輕小鬼們也為這般豐富多彩之作深深著迷。平常總是跟在我身邊的牧野察覺我對於窘迫現狀深感焦慮，但可想而知，他也不知如何是好。

就是這時，從牧野口中聽聞城志津香[26]、蒲生千代、森三千代[27]，這三位女性的芳名，三位皆與以大阪為據點的文學團體有所往來。我知道城志津香在《令女界》連載少女小說，聽說竹久夢二[28]還為她繪製肖像，人稱夢二派少女。蒲生千代創作和歌，來到東京發展的她暫住大森的兄長家，兄長還是學生。森三千代矢志成為詩人，目前就讀御茶水女子高等師範，住學校宿舍；但校舍慘遭祝融，目前暫住茗荷谷的臨時校舍，待最近新校舍建好就會搬回。拜勝彥熱情的說明，

25 一九〇〇—一九八六年，詩人、法國文學家，主持同人誌《青松》。
26 本名城夏子。女流作家，著有《薔薇小徑》。
27 一九〇一—一九七七年，金子光晴之妻。詩人、作家，翻譯家。
28 一八八四—一九三四年，本名竹久茂次郎，畫家、詩人。

濕氣很重的狹窄三疊空間有如擁抱著一頭繫著蝴蝶結的長髮，和服振袖上的友禪花樣，曙染織的飄逸感，吉井勇[29]歌詠的瀟南少女們，遙遠憧憬的感傷令內心痛苦，讓我覺得沒創作的這幾年無疑是虛擲人生。總覺得自己無法擺脫明明是繁花盛開的人生，卻覺得果實與茂盛葉子令人煩躁的耽美主義，只能與這般正經八百的世間妥協活著，就像與情人約會時頂多怯怯地牽手，道別後去趟私娼寮，解決被情人撩撥的性慾後才鬆了一口氣。一如這般男人之間閒聊的話題，我們那時代的少年可不像現在的人們活得如此果斷乾脆，總是一邊想像柏拉圖式戀愛，躡手躡腳地徘徊在妓女院的屋簷下，飽受心靈與肉體的矛盾之苦。想也知道，這種事肯定既麻煩又複雜，而讓我們明白這種事的就是古代文學，要是沒有文學介入，應該可以更輕易地成就男女之事。大正末期能讓彼此心靈相通的不是琴、尺八的合奏，而是曼陀林。萩原那厚著臉皮摸索女體的情緒之美，就藏在鄉下小城鎮的有錢人家少爺的曼陀林音色中。沒想到森三千代突然透過牧野，說想當面向我請益一件事，八成是牧野慫恿她和我會面吧。這就是牧野的機敏之處。她敲定大正十三年三月十八日造訪。勝彥、貞丈、親弟弟大鹿卓也來湊趣，眾人聚在一起商談那天的流程，看來大家對於難得有女客來訪一事都很興奮。

三疊房間著實簡陋，最裡面一疊的上方是放寢具的架子，所以只有下方能用，因此有個「汽車房間」的別名，如此寒酸之處勢必讓女客蹙眉，於是我們決定借用離這裡約三、四丁[30]路程，我那位於新小川町繼母家的二樓。當天，在三疊房間待命的吾弟阿卓負責帶她到新小川町，但因為遲遲不見人來，勝彥往返察看了兩次；縱然春陽和煦，還是偶有寒風吹拂，吹得灰塵漫天。我在二樓八疊榻榻米大的房間，背靠著矮櫃，面前放著暖爐，和一群平頭男圍坐著，心情和來回奔波的勝彥一樣。宮島頻頻說些俏皮話，試圖緩和焦慮氣氛，好比引喻「清盛公渾身發燙」一事，不然就是「今天是相親的好日子，總是渾身發臭的傢伙可要謹慎些，否則會因此破局哦。窩在暖桌中逐漸被蒸得腰腿有力，這下子可就成了放屁光晴（法國浪漫派詩人泰奧菲爾．哥提耶〔Théophile Gautier〕）囉。」他本來還想繼續說，但因為被嫌吵就住嘴了。樓下傳來推開格子門的聲音，一副穿著木屐就要

29 一八八六—一九六〇年，貴族（伯爵）出身的作家、歌人，腳本家。

30 一丁約一百零九公尺。

衝上來通報的勝彥一邊喊：「來了！來了！來了！來了！」粗魯地踩著陋屋的階梯上樓。緊接著是走在被稱呼一聲「卓先生」就得意洋洋的阿卓身後，束起頭髮，身穿和服，胸部一帶繫了個橄欖綠結，別著女高師徽章的三千代。我坐在中間，其他三位年輕人端坐兩旁。必須展現大詩人風範的我負責應對，緩和氣氛。她沒有入座暖桌旁，而是把作為伴手禮的一小盒餅乾置於桌上後，坐在我的正前方，抬起頭。這是我們初次照面，個頭不算嬌小，圓臉配著靈活大眼，一臉自信的女孩。此時的我還不知道居然會和這女孩一起展開長達七年的旅行。

戀愛與
圍圈遊戲

面對從窗外飛進來迷途小鳥般的女孩，四個人的心裡只有一個想法，那就是好想讓她逃離這裡。尤其當她看向我，有些不太好意思地想詢問什麼時，心緒有些浮躁的我必須忍受其他三人嚥口水、直盯著我的不自在感，慎重回應。因為從勝彥口中聽聞一些她的事，所以有著既定印象，但其實她本人比我想像中來得野性。她回去後，我的腦中無法清楚重現她的容姿。她回去後，我們四個人不像平常那樣談笑，尤其是關於她的事情，每個人都像在避諱什麼似的隻字未提，就算宮島起鬨說些俏皮話，也沒人笑得出來。我們一臉掃興地面面相覷一會兒後，紛紛散去。事後回想，其實那時彼此都清楚感受到維繫男人友情的結已經鬆開，我們之間產生了皸裂效應，只是佯裝不知罷了。待大夥離去後，我就著她留在紅茶杯上的唇印，啜著杯底早已冷掉的茶。

我答應出門拜訪親戚的繼母，幫忙看家，每天悄悄等待說近日會再登門拜訪的她。三月二十五日午後，格子門外頭變得明亮，她翩然現身。我張好捕蟲網，她自投羅網。那天，我窩在樓下房間的暖桌邊，邊聽著狂舞的春風吹得窗子卡噠卡噠響，懷著發燙到快化膿的心情，什麼也沒做，只是恍神地把臉貼在攤開的書上。這般多年未嘗的戀愛情感不同於以往的幼稚，是那麼真切，也許是天災後的寂寥感培育出來的吧。當她看見明明已是春天卻窩在暖桌邊的我，彷彿腦充血般成了滿面通紅的章魚，吃驚地問：「站得起來嗎？」、「怎麼辦呢？」一臉不知所措。在我殷勤招呼下，她總算下定決心似的從小門進屋，但她沒有入座暖桌邊，而是一副隨時都能逃走似的坐在離暖桌有段距離的地方。說得誇張些，感覺我和她的距離有百里之遙。若不是她從勝彥那裡聽聞不少關於我的事，不然肯定察覺不對勁，就這樣倉皇逃離吧。

她向我請教一些關於文學和詩的事。我從勝彥口中聽聞她為了創作詩和小說，決定就讀御茶水的國文科，但入學之後才發現選錯科。無視校規的她十分自由奔放，即使頻頻惹麻煩，卻也即將完成四年學業，預定秋天畢業；但我對於她憧憬的現代文學，實在不知有何趣味可言，比起和她談論文學，我更在意是否能捉住她的心。那時的我根本沒餘裕以文學為誘餌，一步步靠近她。倘若她精通文學的話，肯定馬上識破我的不足，旋即厭倦地遠離我也說不定，只能說機會就是一半一半。無論是我還是她都活在深受大正初期那種把戀愛、藝術比喻成菖蒲與燕子花，有著不分軒輊之美的文學精神，就這點來說，我們算是屬性相同。但我自從震災以來，不但詩集《金龜子》不受青睞，《水之流浪》也沒個著落。相較無法過上安穩生活、終日沉浸哀傷的我，面對校舍慘遭惡火吞噬、只能暫時棲身臨時宿舍的她，除了身邊物品因為震災大火被燒毀之外，沒有失去任何東西。無論是對於文學的夢想、希望還是焦急不耐；諷刺的是，那道被她視為障礙，一心想跨越的校舍長牆竟悄悄地保護她免受粗暴的外界傷害。不過，在我想要自我放逐時，熟識的前輩和朋友們並未放棄我。應該說，這一列人感受到諸神的黃昏，藉由各種機會感知到手持年輕世代旗子的我似乎還能依賴，而這似乎成了我一生中最大的惡意陷阱之一。那時，要是我再堅強些，再固執些，至少能更幸福地享受我的戀愛吧。若是這樣的話，也許那場戀愛的成立動機就很薄弱。對於自己在暖桌前演出的喜劇並不覺得內疚，因為背負著所謂的時代情懷，我認為那是我的熱情，搞不好她也是這麼想吧。其實不是像熱情那般屬於撩撥性質的東西，而是為了鞭策容易萎靡之心的利己主義。因為唯有這樣，我才能確實掌握淚水的潮汐時間。

「要是妳說不喜歡，也是沒辦法的事，我已經被逼至絕境了。當然，連繼續寫詩的氣力都沒有。」我說，隨即撕毀筆記本上寫得密密麻麻的詩集《水之流浪》草稿。她看到被撕成兩半的草稿，嚇得按住我的手腕，哽咽地說：「別這樣。」努力不讓懊悔撕破筆記本心情被識破的我，雙手使力地對抗懊悔感，而這一招類似歌舞伎演員喊著來吧、來吧，等著看對方如何接招的伎倆著實令人心虛。她那發燙得像是剛烤好的餅乾，飄散一股甜甜香氣的臉龐已經跨越只能眺望的距離，來到我身邊，只能說命運就是從此刻出發。對她來說，心軟是行差踏錯的根源，往後是一趟耗損彼此身心的漫長旅程，而這一步也象徵一個時代的瞬間，只是唇與唇的碰觸並非那麼柔軟。礙於宿舍有門禁時間，她慌忙離開。風停了，照在紙門上的夕陽餘暉映著玄關格子門的黑影，這瞬間宛如百根燭火絲毫沒搖晃似的凝結，就連我那驚顫不已的心也倏然平靜。我拾起摟住她時，從她頭上掉落在暖桌被攏的銀灰色橡膠髮梳，貼在胸前，感覺與肌膚融為一體。就像要開始什麼之前，就有莫大之事要結束似的，我只有腦子還能運轉，身子已然疲軟，什麼也無法思考地癱靠衣櫃，絲毫未覺小房子外頭的天色變暗，覺得自己彷彿置身日常之外。從二樓高窗窺看的夜空是那麼深邃，從未見過如此滿布的美麗星辰；但這般升天的情感也僅僅一日，還是得回到原本的凡界。

隔天她抽咽著進屋，說她已有情人，但對方回鄉，寫了好幾封信皆音訊全無。那人在東京時借住之前分手的情人家，她倒也不是對那個人死心塌地，只是兩人的關係尚未釐清之前，總覺得心裡有疙瘩；雖然昨晚發生那種事，但她當初之所以來拜訪我其實別有所圖，因為她知道情人認識我。昨晚她一夜未眠地思考後，覺得再這樣下去只會讓我痛苦，自己也站不住腳，遂決定前來道歉。只見她一邊絞著手帕，這麼說。原來如此，其實我聽聞過她的情人，卻沒半點私交。既然她都這麼說了，儘管沮喪也只能放棄。她說，明天要帶著從家鄉伊勢來東京的弟弟前往大島。從大島歸來後直到新學期開始，她會暫住蒲生千代位於大森馬込的家，所以信可以寄至那裡。我一天寫兩三封信給她，都是撕下報紙一角，寫一句話塞進信封，就這樣寄出去。沒想到蒲生的哥哥用鑷子把她看過後撕得粉碎丟進垃圾桶的信撿起來，打發時間似的拼湊後裝進框裡擺在她面前，樂得拍手嘲笑。我四月四日從關西出發，順道去了趟名古屋和三月時就先回家的勝彥碰面。說了我和她的事之後，「放心，我預感你們一定很順利。讓我看一下您的手。」這麼說的他瞅著我的手有好一會兒，「五月時，她的心很清楚地傾向金子老師，錯不了。」臨走前又向我鄭重保證。憑藉這番話語之力的我懷著被她點燃，如同手榴彈的熾熱情感，逗留京都、西之宮、帝塚山，於五月初回到東京。我得知她直到五月初都不會回宿舍，而是留在大森之後，遂搭乘夜行列車於一大早抵達大森車站，在晨霧中走在沿途有稻草堆的小徑，前往她寄宿的地方。因為事發突然，蒲生家起了一陣騷動，不久她現身，我們在馬込村的青麥田中漫步一個鐘頭。「想說藉著旅行冷靜一下，沒想到還是回到原點。」我坦白道出自己的情感，她並未明確回應；但我們對於彼此的情感心知肚明，只是問答得頗曖昧。約定兩天後她來牛込之後便道別了。之後，我去了室生一帶。

我一回到赤城元町的三疊房間，旋即叫來舍弟，一起物色碰面地點。於是，我們租了位於肴町的藝術俱樂部（島村抱月的劇團事務所）前方的公寓，一間位於樓梯下方，沒有窗子，五疊半大的三角形奇怪房間。弟弟背著桌子，我則是背著寢具，手拿藤椅和包袱，悠哉走在人來人往的街上，一切都是為了和她在那裡見面。三疊房間不僅不體面，也是因為年輕夥伴、詩人朋友不時進出，根本無法談些重要的事，也擔心因此影響兩人關係。她來訪的第一天，我帶她去四木的「吉野園」，盛開著偌大的鬱金香與鉢牡丹，幾乎沒其他遊客。園裡有個雨水積聚低地而成的池子，兩人一落坐池畔草叢時，腳邊的蛇旋即逃之夭夭。「那裡。」這麼說的我突然想起用手指著蛇，手指會腐爛的謠傳，想讓她瞧瞧腐爛的手指。好想告訴她這段戀情讓我的心有多苦，為何如此想傾訴呢？我猶豫著該不該說，一生沒有說出口的話語大概多到可以繞地球好幾百圈吧。

五月是令人鬱悶的季節，「長在京城似荷葉」一如娘道成寺的手鞠歌所言，輕佻就是我的本性；相較於此，從師範到高師範，一直過著宿舍生活，不知世事，有著小都市優等生氣質的她頗好勝，但即便再怎麼裝模作樣，終究還是鄭重、認真看待我們的關係。她的這般特質在之後的人生始終未變，即使旁人瞧著擔心不已，但除非即將一頭撞上牆壁，不然不會迴避。年少時就被認為是狡獪聰穎，心思細密的我也被她那就算有所犧牲，也想照著自己的意思而活的特質吸引。總之，在我掌舵，而她好幾次身陷險境的情況下，克服各種難關。在條件極差，有如找尋死亡之所的這趟漫長旅程，我們之所以能相伴四處遊走，就是根基在一起的每個瞬間。她說著戀愛的道德觀，我則是主張弱肉強食，與其說兩人是出於真心這麼認為，不如說是在玩文字遊戲。

厭倦自己的我和她在御茶水車站道別。隔天，我帶她去葉櫻的小金井。我們在新宿轉搭中途停靠吉祥寺、小金井，開往甲府的車子。泰半散落的八重櫻好似喝醉的中年女子，一副邋遢樣地踉蹌走在河邊。一回到牛込，我們去神樂坂一間名叫「尾澤」的藥局開的餐廳用完午膳後，初次帶她來到三角形房間。應該是一片昏暗的房裡，因為四處都有縫隙，所以有些微的光洩入，隱約瞧見桌椅擺在哪裡。我伸手探尋燈泡，趕緊開燈。一整天下來說了很多話的她累得癱在椅子上，我則是坐在桌子上，靜默好長一段時間。因為她站起來，想說她是不是要回去，畢竟再不回去就趕不上門禁時間。沒想到她走到我身邊，我像是在等待熟悉之物落入懷裡似的，非常自然地抱住她。她說今晚不回去也沒關係，於是我決定帶她去藁店亭。因為女學生的模樣太顯眼，所以她脫掉和服褲裙，圍上長巾，露出帶子，後面塞些布，再披上外套，我們就這樣出門了。這是她初次看相聲、落語之類的表演，今天最後壓軸演出的是名人小先生，她也聽聞過這號人物。小先生口齒不太伶俐，總是繃著一張臉，像在自言自語似的單口相聲表演實在頗奇怪，讓觀眾不知該笑還是不該笑。神樂坂這條路上有許多夜間營業的店，所以過了十一點，街上還是熙來攘往，相當熱鬧（人們這時還能享受逍遙自在的日子）。我們回到三角形房間，把疊放的被褥逐一攤開，分開睡。因為房門沒鎖，所以買了一把奈良的安親[1]鐵線蓮花圖樣，柄身是赤銅鍔的青江下坂[2]般的細身大刀代替頂門棍。這東西與伊藤若沖[3]的「鴛鴦」與「若竹」這一對掛畫、廣重的真跡絹本「堀切花菖蒲」等，都是我一直捨不得放手的收藏，結果還是比我想得還早的離我遠去。

走廊的座鐘敲了四下，公寓裡沒有人醒來出門的動靜。一夜未眠的我知道睡在旁邊的她也是醒著到天明，遂開口問：「睡不著嗎？」她微微地動了幾下。我探尋她的手，她也回握。我一邊拉近她的手，一邊尋著她的唇，只是輕輕一碰，就知道可以進入她體內任何地方，我的觸覺想摸索她的一切。自三月以來，我的念念不忘似乎讓她的身體一直焦急等待。對於我不夠熱情的愛撫方式，她忍不住喊了一聲：「不是這樣啊！」讓我狼狽不已。

「伊豆的大島……只有第一天有玩到，後來因為暴風雨，被困在波浮港的旅館三天才回來。要是那時你說要一起去，我會先讓我弟回來，和你同行……」

她說。

戀愛這情感伴隨著「死亡」。對我來說，就是抹殺過去。倒也不是什麼非得抹消的不堪過往，而是為了掩飾因為震災而始終抑鬱落魄的心情，只能說有點厭倦挾在宮島和牧野之間，這般倚老賣老混日子的生活。總覺得這輩子應該不會再有第二次讓我甚至想要切割以往所有回憶的青春戀情，沒想到之後不但遇到同樣情況，且一再毫無悔意。

自從抱了她之後，周遭景色驟變。我身邊的一切都拾回活力。她的前男友已經離鄉回京。確定他住在另一個情人的家之後，我帶著她，去徵求他的理解。這

1 土屋安親，江戶時代的刀劍金工師。
2 歌舞伎「伊勢音頭戀寢刃」主角福岡貢用來斬人的妖刀。
3 一七一六—一八〇〇年，江戶時代的畫家，擅長花鳥畫。

麼做除了讓對方深感困惑之外，也很懷疑自己的意思是否確實傳達，當我這麼想時，才發現自己又犯了一想到什麼就衝動行事的任性毛病。爽快解決必須委婉一點才能處理好的事，為新生活注入活力是一種很危險的嘗試，還必須努力籌措維持這場戀愛的必要經費。三疊房間的聚會因為我時常不在的關係也就解散了。來訪的人變少，我索性退了三角形房間，搬回三疊房間。她每隔一、兩天就會來此，身影映在大門的彩色毛玻璃上，從那裡上樓到我房間。三疊房間裡始終鋪著寢具。樓下住著俗稱「獨樂鼠」的戲院放映師和他女兒，父女倆幾乎整天不在家；即便在家，也因為隔著廚房和通往廁所的走廊，很長一段時間都不曉得她經常出入這裡。

時序來到五月初，我總是陪著礙於門禁必須趕回去的她走到水道橋一帶，有時還會走到本鄉元町的小車站，走一段上坡路，送她回宿舍。每次走到學校附近，她就會一臉警戒，頭也不回地走掉。她那有如少年般的紅潤豐頰，眉目秀麗，端正面容搖曳著成熟情慾的火焰。要說這場戀情有何特徵，那就是「不知明日會如何」的感覺，唯有見面的時候才能保證什麼，只有燃燒的瞬間才有價值。如此激烈的燃燒有時像一種賭注，讓我想起夫妻之間的眼神，一場充滿危機感的相遇。我理解她說的那番話，那就是我們立誓約定當一方熱情不再時，即使對方還愛著自己，也可以分手，不要企圖挽回什麼，這一點倒是頗符合我十年前的想法。尚未探到人心的底部，也還沒比較過酸甜滋味的年輕歲月；只能說，這是我給對方和自己施加的殘忍想法。

我們也曾忘了門禁時間，有如兩條蛇般交纏著。六月蒸騰的午後陽光從牆上高高的窗子流洩進來，一整天雨勢未歇，似乎已入梅雨季。七月的某天早上，我還在睡夢中，她打開玻璃門上樓，俯身吻我的耳朵，說她懷孕了，想生下這孩子；雖是意料中的結果，但目前情況實在不適合養育孩子。畢竟她還是學生，而且是校規嚴格的住宿生，況且也快畢業了。要是這事被校方知道，不但可能被退學，還得賠償四年的學費與住宿費吧。這事要是傳回她的家鄉，後果更是不堪設想，況且我實在很難想像自己有孩子一事，也曉得養兒育女很辛苦，凡事只想到自己的我還是擺脫不了任性少爺脾氣。「嘔吐是常有的事，不一定是有了。還是觀察一下情況比較好。我想可能不是吧。」這麼想的我試圖敷衍。過了四、五天，我知道事情已不容許我打馬虎眼，必須認真思考才行，心情沉重到彷彿是我有孕在身。忽然想起某個部落的故事，當妻子臨盆時，丈夫也會一起痛苦、呻吟和嘶吼。我們之間有著宛如不同人種的赤裸裸東西，而且這個赤裸裸的東西不是沒有個性，也不是能隨便敷衍之物。難道只有兩人一起分擔毀滅這招解決方法嗎？似乎有許多男女在艱苦生活、空虛日常中，反而繫緊彼此關係，但對於這方面經驗尚淺的我來說，實在不曉得該如何處理這情況。總之，我只希望這是個讓兩人之間的羈絆牢不可破的絕佳機會；問題是，不知該出何招，也想不出什麼好辦法。有種等著限時炸彈引爆的感覺，把迫近的危機視為他人之事般交由「時間」處理。

因為牧野從名古屋回來了，所以我換到二樓八疊榻榻米大的房間。我常不在家，牧野總是獨自睡在三疊房間。因為我不在也沒開伙，所以牧野不是去放映師大叔那裡吃飯，就是去我繼母那裡蹭飯。就是從這時開始，我們之間有了嫌隙。就勝彥的立場來說，因為是他撮合我們，彼此的友誼理當更穩固；但他特地回來一趟卻沒見我表示歡迎之意，又得不到足夠關注，所以對於總是來去匆匆，連個碰面機會都沒有的我相當失望，有種遭背叛的感覺，對我多所埋怨也是理所當然。

總之，不曉得我們有多煩惱的他把我的態度解釋為刻意疏遠，也是沒辦法的事，要是我有餘力向他說明清楚就好了。以為別人都是為了自己而存在，驕傲自大、不夠體貼的結果就是促成一場意想不到的報復，而我卻重蹈覆轍兩、三次這般錯誤。其實只要讓他明白他回來的時間實在不湊巧，事情就能圓滿解決，無奈我就是如此不成熟、思慮不周，一切都是因為我的取巧心態以及與生俱來的自私而招致失敗。也是因為我察覺勝彥的不滿情緒，叫來舍弟與宮島，要他們轉告勝彥，我這邊有些事情暫時中止聚會一事，才讓事情變得更糟。

審閱作品時，我故意對牧野他們很嚴格，對舍弟和三千代頗寬容，這讓夾在中間的舍弟頗為難，事後轉述他們自己聚在一起時，牧野他們對於我的不平與不滿。「他們還年輕，心態不夠成熟，就是會說些嫉妒別人的蠢話吧。」我這麼安撫。我的心裡開始逐漸蓄積毒的苦澀，而勝彥已不再現身三疊房間。梅雨季到來，大蟾蜍從緣廊下方爬出來。此時是蛹孵成毒蛾的季節，也是產新卵的時候，綠蟲與毛蟲聚在葉子背面啃食這片綠地。人心也開始腐敗、發黴，邪念甦醒，懊惱伴隨著蛀牙一起折騰人的時候。我和她因為瑣事起了口角，兩人都盡量避免提起她有孕在身這件棘手之事。吵完後，任憑激情上身。個頭嬌小，身形苗條，小麥色身體比例勻稱的她精神正常，慾望強烈又積極；相較之下，我顯得異常又彆扭。原本是模範生的她成了壞學生，劣幣驅逐良幣，這就是我教導她邪惡之事的結果。這個吊兒郎當世界的自由自在氛圍對她來說，簡直耳目一新，充滿魅力。

我帶著她前往淺草地區，以及她說尚未去過的曳船與平井一帶。我們在蘆葦叢中盛開著萍蓬草的濕地區閒晃，這裡散布著幾戶人家。顯然空地比較多，附近的染物小工廠排放的藍色廢水就這樣直接流入正逢季節而水量變多的沼澤。令人煩悶的季節結束後，烈火似的夏日即將回返。學校也開始放暑假，她這個夏天不回故鄉三重，而是和我來趟奧羽[4]之旅，因為回弘前的福士幸次郎請我務必去找他。《水之流浪》成了詩人叢書的第二十卷，由新潮社出版，我也拿到了預付版稅，作為旅費可說不無小補。每次有大筆錢入袋，就會不假思索恣意花錢的我這次必須緊鎖自己的心。久違地暫別東京讓我振奮不已，我們去了趟日本橋，觀賞亨利，奧特曼[5]的畫展，結果買了一堆不必要的東西。渾身是汗的我們一回到家，我便幫她脫個精光，帶她去水槽那裡用自來水沖她的頭。我之所以會有這般無懼他人目光的古怪狂野行為，其實是因為自小被視為「怪人」，別人也就見怪不怪的一種任性奔放情感。因為無力向欺負我的人抗議，怨氣也就越發強大，於是欺負弱小的惡意出其不意地跨越柵欄奔了出去，再也無法抑制地恣意運作，而且這種事只會發生在膽小者身上。我瞧見勝彥的頭髮變長，遂說了句：「給我剃成平頭！」用安全剃刀削去他的頭髮。刀刃馬上變鈍，換了好幾枚刀片，只見勝彥的頭滿是血，哭著說身子發燙睡不著，這時我也是用自來水潑他那刺痛的頭，使其冷卻。看來這件事也成了怨恨的種子吧。於是，我的惡言相向成了伴手禮。即使他找到新的寄宿處，即使結果是我失去莫大的東西，我也無法為自己辯駁。

我們去松島觀光，到平泉參拜，早上抵達弘前的前一站碇關。福士夫妻與年幼女兒們住的小房子就在流經溫泉地的岩木川支流平川河畔，我們則是借住在河對岸當地居民休憩用小屋的一個房間。只要打開遮雨板，就能瞧見福士家的動靜。

4 日本的東北一帶。

5 一八七七—一九二七年，法國畫家和印刷家。

福士會渡過水深僅及小腿肚的河水來我們住的地方玩，我也會背著她渡河，這光景讓泡湯客們吃驚不已。我們的放蕩生活成了當地居民茶餘飯後的話題，就連來往碇關溫泉場的人們也會停下腳步，回頭向我們行注目禮。於是，我們趁著半夜一點多，偷偷溜去溫泉，溫泉水總是滿的，兩人似睡非睡地泡湯。準備前往北海道的富田碎花[6]夫妻順道來訪，待了一天的他們臨行時，朝站在河邊送行的我們揮手，挖苦似地說：「聽到嘿咻聲唷！」福士幸次郎和川路柳虹[7]、服部嘉香[8]同為詩壇論客，與志賀直哉志趣相投。這樣的他除了家境清貧之外，還有一股高傲感，不在意自己有多貧窮。而且一旦深思什麼事，就會忘卻人生諸事，做出連自己也沒想到的出乎意料決定，是一個樸實又不可思議的人。他十分賞識我貧乏的才華，甚至這麼誇讚我，「我沒有能和金子匹敵的東西，」反而讓我有點反感。當我陷入四面楚歌的窘境時，他是始終關心我的第一人。我們一起泡湯時，三千代說她已懷孕三個月，「我家的梅枝已經發現我懷孕了。你說，該怎麼辦？」這麼問。「反正也只能順其自然了。」我回道。她略有所思地回了句「嗯」，把手巾擱在頭上，用勺子舀起溫泉水一勺、兩勺，默默地淋在身上。過了一會兒，「是啊。一定沒問題的。」她又說了這麼一句，讓我一頭霧水地反問什麼事。我們準備坐在簷廊上用午膳時，頭上纏著布巾的福士翩然現身，他說他想買一箱棒子，無奈手邊只有五枚硬幣，想向我借兩枚。他說自己早上七點確實握著七枚硬幣出門，但渡河時一不小心被石頭絆倒，硬幣全掉入河裡。找到掉落處的他堆石頭築堰，斷絕水流，結果只找到五枚，剩下兩枚怎麼找也找不到。看來只有他能過上如此清閒的日子吧。我和她都怔怔地望著他。

---

6 一八九〇—一九八四年，詩人、歌人，有兵庫縣文化之父的美稱。

7 一八八八—一九五九年，詩人、評論家。

8 一八八六—一九七五年，詩人、歌人、國語學者。

最初的上海行

我倆像在等待什麼似的，在碇關約莫待了一個月。覺得再這麼待下去也是索然無味，遂繞著十和田湖晃了一圈，於八月底回到東京。明明是八月中旬，十和田一帶卻是涼爽的仲秋氛圍，水晶花樹的花綻放，無人造訪的湖邊被一波波的浪刷洗著，瞧見蔚藍清澄的水裡有著像松葉的藻類，還有搔弄我們的腳後又沉入水裡的赤腹黑斑蠑螈。無論聊的是什麼煩惱，關於青春二三事的話題都很有趣。接吻就能化解的爭執本來就不算是爭執；雖是一趟極為節儉的旅行，但如此美麗的自然有如豪華的饗宴在心裡留下豐富餘韻，也是兩人在一起才能成就的事。畢竟我還不是很瞭解她，也沒讓她瞧見最真實的我，所以多虧這趟旅行，讓我們能充分瞭解彼此，也才能共築幸福生活。回到東京後，酷熱的殘暑才即將開始；雖然手邊還有勉強能撐上半個月左右的錢，但還是必須籌措日後的生活費，無奈還有比這更令人頭痛的事。

雖然已經開學了，但身形再也藏不了的她這下子沒辦法回宿舍，於是在赤城元町家二樓的八疊房間開始兩人前途未卜的生活，也沒有任何明確的打算。她用作為短外褂，稱為「吳絽服連」的布裁製成和服領子，還用棉織品做了像南蠻屏風上的葡萄人穿的長斗篷，這樣出門時穿上就能遮住隆起的肚子。我帶她去了通寺町的戲院「文明館」、肴町的「柳水亭」，還有鰻魚飯的名店「牛込亭」等，也走到不遠處的地方觀賞表演，還去了毘沙門廟會，走在人潮熙來攘往的神樂坂。上野的畫展開幕，雖然擔心遇到學校那邊的人，還是決定前行，結果連動物園也晃了一圈。我們走在雨停的坡道上，不小心摔了一跤的她頓時成了眾人矚目的焦點。「肚子裡的孩子沒事吧。」回家路上，她一直很擔心。明明還在肚子裡，女人就已經如此疼愛。擔心出門被撞見一事果然不是杞人憂天；兩三天後，她的同學津田綾子突然造訪。她的同學在動物園撞見我們，於是悄悄跟蹤我們，也已向舍監報告此事，原來舍監請她暗中注意三千代的動靜。畢竟津田這女孩和三千代頗要好，所以擔心有所隱瞞的舍監應該會親自來訪確認消息真偽；倘若真是如此，老師明天就會親自造訪。碰巧繼母這時來找我，不曉得是不是想發揮一下俠義精神，她建議我們與舍監會面的地點還在新小川町的家。一時拒絕不了的我遂把繼母的提議告知津田綾子。繼母又強烈主張比起我自己出面，還是委由她的情夫西村出面較為妥當。身為證券商的西村有點不修邊幅，長襯衣的下襬總是露出來，一張嘴很會說，就是那種舌燦蓮花的男人；雖然我對他沒什麼好感，但自己親自出面確實不妥，只好委託他了。於是，繼母家二樓上演舍監與證券商對決戲碼，還真是奇妙光景。只見證券商一副老闆在為自家藝妓的不檢點向恩客賠罪的調調，「唉唷，任誰年輕時都有衝動的時候嘛！不管是我還是老師您……」滔滔不絕地說著，還一副嘻皮笑臉樣，這般態度讓舍監目瞪口呆（還被燻得一身菸味）。證券商似乎覺得他這招打發人的功夫讓我對他留下好印象而得意洋洋，但結果可想而知。學校已經通知三千代在家鄉的父母，勢必得好好處理才行，由我們這邊主動聯絡她的父母是最妥善的方法，於是當晚她發了封緊急信給父親。

我簡單敘述一下她父親森幹三郎吧。她父親畢業於當地的神宮皇學館，目前是當地中學的國文教師。三千代是長女，有個弟弟義丈，還有小春、阿房、千繪三個妹妹。三千代這名字是父親希望她像橘三千代[1]一樣而取的。她三、四歲時，便跟著父親學習《大學》，還能背誦。小學、中學的成績始終名列前茅，我至今還收存著那些獎狀。她不但通過非常難考的女高師入學考試，而且成績非常優秀。伊勢人除了一貫悠然自得的氣質之外，也有人說伊勢人的作風就是有點半吊子，三千代卻是一反這說法的醒目存在，可說是前途備受期待，在當地無人不知，無人不曉的森家千金。一瓶的晚酌，與讓他很有面子的女兒就是他的生存價值，可想而知，這次的事讓她痛苦至極；但有著開朗一面的她果然如我所想，連一句牢騷話也沒說。收到急信的老家父母似乎驚愕不已，馬上就收到她父親要來東京的電報。我們商量好，就是準備份量十足的賠罪酒，灌到讓他沒時間多所抱怨就回去了。收到電報的隔天，她父親現身。有著一張長臉，蓄鬍，戴眼鏡的他看起來十分時髦，還用髮妝品固定染黑的頭髮，梳著整齊的西裝頭。因為還得和總舍監北見女士會面，所以他一早便來到東京；雖然早有覺悟對方會視我為把他女兒的夢想、前途搞得一團亂的仇敵而害怕不已，但要是不當面談談，事情永遠沒進展。妙的是，初次見面的雙方都很客氣，彼此像是自己做了什麼虧心事似的，畏懼碰觸那個傷口，一直視線朝下，一旦眼神對上便趕緊移開。她在廚房備酒，我買了坡道下方那間家常菜店的炸蝦天婦羅當下酒菜。十錢三尾，在當時也是便宜到令人吃驚的價格，「好吃。果然東京的東西就是不一樣啊！」她父親大讚美味。我伺機下樓後，她一邊幫父親斟酒，準備好好說明這件事。我回到三疊的老窩，拉出破爛棉被蓋著。深夜時分，樓下的獨樂鼠父女吃完飯就寢時，她下樓來到我房間，鑽進有股黴臭味的被褥，用雙手摟住我的脖子說道：「已經說清楚了。他只是默默點頭，沒說什麼。最後問我是否要和金子先生在一起，如果沒這打算的話，也不必擔心孩子的事。他說就接回去老家養育，乾脆地和你分手。果然老爸就是老爸啊！」吐著熱氣的唇吻著我的臉。「妳怎麼回答？」「我說我們不會分手囉，這樣不是很好嗎？」她語帶興奮地說。隔天，她父親花些時間整理門面，在玄關乾咳幾聲，說要去學校說明一下，便出門前往女高師。可能沒什麼想順道去的地方吧。三個鐘頭後便回來，「事情已經說明清楚。明天再去一趟辦些手續就行了。」平靜地說。原以為北見老師很難應付，沒想到如此善體人意。她建議要是以生病為由退學，提出一般退學申請，森三千代因病返鄉，就不必負擔四年的學費，然後附上醫師開立的兩張診斷書就行了。「令千金天資聰穎，是個女中豪傑，但不適合走教育這條路。奔放熱情的她屬於其他天地，就讓她好好展翅吧。『我從事教育幾十年了。還是初次遇到像令千金這樣做自己想做的事，不覺得有什麼好羞恥，堂堂主張自己做的沒錯，不會因此退縮的女孩。』北見老師對我這麼說時，還露出一副妳不在啊，她就不用再那麼傷神的表情。三千代，妳到底做了什麼事讓老師這麼困擾啊？」疼愛女兒的父親看起來似乎頗得意。我招待她父親去神樂坂的「尾澤餐廳」用晚膳，隔天中午他獨自外出，可能很喜歡那家餐廳的口味吧。又點了同樣的餐點享用。學校那邊剩下的手續一下子便處理好了，他拖著三天兩夜喝酒喝到步履有些蹣跚的身子，搭乘夜行列車返鄉。

沒宴客、沒辦婚禮的我們就這樣過著夫妻生活，這對於當時的知識份子來說，是很常見的事。只有相親結婚才會辦婚禮。我們要是沒有孩子，應該連結婚證書都不會申請吧。再也不必規避世人眼光的我們總算能夠輕鬆過活，卻沒想到還有來不及的懊悔，更大的苦難降臨在我們身上。那是和她約定的大好前程即將達標，卻瞬間崩解的暗淡回憶。一切都是因為我負債累累的關係。我們倆從光明的人生隱遁，被迫走在昏暗後巷，踩著潮濕的水溝板。這就是開端。

孕婦有如髒汙的燭淚般，油漬不斷擴散。只有淫蕩的日常生活能讓人麻痺痛感，忘了痛苦。我們擁有的是健康身體與糜爛到腐臭的精神。兩人在崖下曬不到陽光的二樓房間，迎著越發寒冷的日子，不分晝夜地用彼此的體溫溫熱怯弱的身子，窩在床上過活。來訪的人變少了。就算有人來訪，我們有時也會裝睡不下樓。有人連聲招呼也不打便離去，也有人看我們這樣子就打退堂鼓了。日子就這樣匆匆地來到歲末時節。

孩子出生於隔年（大正十四年）二月二十七日，三月一日向牛込區公所提交出生證明。佐藤紅綠老師給他取了「乾」這名字，取自易經裡的字，是個體重超過一貫目[2]的巨嬰。我初次在產院見到剛出生的孩子，因為五、六十位孕婦躺成一排，我只好窺看著一張張臉，尋找她；只見她露出如釋重負的表情，微笑著。嬰兒長得很像小猩猩。我把要買給孩子的氣球繫在床邊，隔壁床的家屬笑著說：「哇，是氣球啊！買給母親的禮物嗎？」這年的春天來得晚，街上還吹著寒風。當出院後的母子回到赤城的八疊房間時，宛如漫長旅途的終點，來到不知是哪裡的鄉下小車站，緊緊依偎的親子三人坐在空蕩蕩、沒半個人的候車室椅子上，不住發抖的光景。這真的是漫長旅途的終點嗎？還是新旅程的開始呢？不知是哪一個。要是出發的話，總覺得有股沉重的喪失感，疲累不已；若是結束的話，畢竟兩人還年輕，還有很多必須去做、想做的事，這些事成了火苗，持續燻黑著，促使我們始終定不下心來。沒有自信能維持一個家，人際關係也遇到瓶頸，又不幸身在大環境蕭條、社會不安，營生不易的時代，也就越發將我推向虛無主義的一方；不僅如此，寫了詩集《金龜子》，身為新銳詩人之首，一向嬌生慣養，身為中產階級詩人的命運隨著文壇起落。不如幾年前留下遺作《吾歲之春》，還來不及凋零就離世的詩人北村初雄[3]來得幸福，在犬吠岬溺死的三富朽葉[4]也是。至於我，似乎被認為是那種只重修辭，寫些內容空洞詩作的詩人。民眾詩[5]的出水量也如同退潮，就連當前的詩壇，以及高舉起義旗的新興自戀派詩人們也一樣被

2　相當於三．七五公斤。

3　一八九七—一九二二年，大正時代的詩人，師事三木露風。

4　一八八九—一九一七年，詩人，以自由詩風見長。

5　大正時代在日本詩壇占有一席之地的民主主義詩人一派，以平易近人的詩作表現尋常百姓的心聲。

視為無用之人，慘遭媒體孤立。她和我在一起時，也逐漸瞭解箇中經緯的樣子。對於在家鄉就讀女校時受到解放思想的唆使，踹飛舊殼，來到東京的她來說，有著太多讓人不幸的夢想，貧窮也是促使她焦慮不已的因素之一。城市的貧窮有著鄉下沒有的貧窮因素，就像她似乎真的相信有著《茶花女》般的世界。原來如此，她飛進我們的《茶花女》世界，應該說是色狼聚集處，然後我一邊搔著私處，一邊把好友夥伴全都趕跑，招喚她進來榻榻米翻面過的房間。我刷新自己身邊一切的這股衝動是談戀愛的必需品，其他東西卻逐漸剝落。看來她今後勢必得飽嘗作為戀愛的陪葬品，也就是無止境的慘澹貧困苦味吧。不是可能會，而是已然身陷其中。為了剛出生的孩子，我不能再吊兒郎當過活，但從未真正嘗過苦味的我似乎缺乏整頓人生的能力。

「你是不是讓來敲門的機會白白溜掉啊？」

我少年時代住京都時結識的朋友，也就是佐佐木常右衛門的兒子茂索實在看不下去，這麼忠告。因為他聽說我帶著詩稿、散文走訪各家報社、雜誌社，結果徒勞無功的傳聞。親戚佐立忠雄[6]則是一派不屑地說：「我說你啊，就別寫詩了，寫小說吧。小說的話，就連三上於菟吉[7]、菊池寬[8]這種實力不怎麼樣的人也能成為社長賺大錢，不是嗎？」他是紅葉[9]的弟子柳川春葉[10]的妹婿。連詩也寫不出來的我不知如何是好，老實說，也曾想過就此放棄，毫不戀棧，但這麼一來就得找份領月薪的工作。

歌人松村英一[11]造訪我住的地方，發現我的生活潦倒，遂問我：「有沒有興趣接翻譯的工作？工錢不高就是了。」於是，他帶我去名叫前田晁的外國史學家，也就是發包這案子之人住的地方。那時，雜司谷一帶住著許多作家、詩人，那裡長著許多高大樹木，紅殼發芽高掛枝頭，在強風吹拂下發出沙沙聲響。前田這人很像店長，善交際，只見他一屁股地坐在玄關要上去的地方接待來客，站著的客

6 一八八六—一九五二年，建築師。代表作是「和光莊」（曾是野口喜一郎的宅邸）。
7 一八九一—一九四四年，大正、昭和時代的小說家，有文壇寵兒之稱。
8 一八八八—一九四八年，小說家、劇作家，創立文藝春秋。
9 一八六八—一九〇三年，尾崎紅葉。小說家，代表作為《金色夜叉》。
10 一八七七—一九一八年，本名專之，小說家、劇作家，代表作為《泊客》。
11 一八八九—一九八一年，大正、昭和時代的歌人。

人就成了俯視他的模樣。前田不時起身湊近我們說些比較檯面下的事。松村先生和神田一間名叫「紅玉堂」的出版社頗有交情，出版社老闆是個暴牙，長相很像印在傳單上的通緝犯，不但長相兇惡，還是個吝嗇、狡猾、很難對付的男人；但他畢竟不是印在傳單上的壞人，所以要是知道他的痛腳就比較容易對付吧。紅玉堂的痛腳之一就是松村先生，因為他頗為伶牙俐齒。紅玉堂曾出版我翻譯得不怎麼樣的詩集《法蘭西名詩選》，以及我用黑部建彥這名字翻譯怪盜亞森羅蘋系列中的《虎之牙》。黑部建彥是我突然想起就讀曉星中學時的同班同學黑部武彥這名字而取的，要用假名的話，大抵都會想個有什麼淵源的名字。

那時，我們搬離住了五年位於赤城的家，租住在大森不入斗這地方，開始新生活。屋頂是用油桶的鍍錫鐵皮搭建，只有兩個房間的長屋，租金也很便宜，每個月只要八圓；無奈盛夏豔陽燒著一片鐵葉子，聚積熱氣，整個家有如砂鍋，工作時總是汗如雨下，只好趕緊遷居附近一間獨棟的磚瓦屋頂房子。大門是格子門，有三個房間，房子四周是空地，低矮雜草恣意生長。自從遷居此處，便和住在赤城那時的朋友圈漸行漸遠，也沒和福士那群人往來，倒是以佐藤惣之助為首，川崎那幫朋友常出入我家。惣之助瞧見我們的生活，忍不住提議：「有孩子在，兩個人很難一起做些什麼，畢竟要想在這裡好好讀書、工作，得先有個不受束縛的自由之身。況且你們能否在文壇掙得一席之地，可是關係到孩子的將來。當下可能很不好受，但為了孩子的將來著想，我覺得暫時把孩子托給別人照顧比較好。」於是我聽從他的建議，決定把孩子托給川崎某戶人家代為照顧兩年。把小乾交給看起來很親切的婆婆之後，惣之助和我們夫婦倆在川崎郊外一間食堂包廂的二樓露台，倚著欄杆等待情況如何。結果不到一個鐘頭，婆婆便抱著哭個不停的孩子來找我們，她說不管怎麼哄慰，孩子還是哭個不停，說要帶他去找母親也還是淚水汪汪。婆婆說這孩子怕生認家，把小乾抱還給妻子，小孩哭著摟住母親不放，過了一會兒才停止哭泣，妻子也很後悔把孩子托給別人照顧。

我在紅玉堂的書出了，卻遲遲沒收到稿酬。去了好幾趟事務所也沒著落，只好去老闆家探探。紅玉堂夫婦住在像是事務所建築的二樓，空蕩蕩的房裡似乎連個壁櫥也沒有，只見堆疊的寢具和櫃子並排擺著。我坐下來，面前擺著長火盆，我們就這樣爭論約一個鐘頭。坐在一旁的老闆娘實在看不下去，「年輕老師大老遠地跑了好幾趟，你就付給人家吧。」被這麼說的老闆別過那張長著暴牙的臉，自嘲似的咆哮幾句後，可能是不敢忤逆老婆的意思，又或許另一半是他的痛腳吧。只見他慢吞吞地打開錢包，裡頭全是五十圓硬幣，掏出三十圓在榻榻米上疊成一疊。歷經一番周折，我總算拿到寫雜文掙得的微薄稿酬，至少家中生計可以安穩至秋初。拿到錢之後，我帶著孩子在屋前草地、神社院內散步。孩子在我的懷裡睡得香甜，我有了「袋鼠老師」這綽號。家裡飄著一股奶香，流逝著甜甜的哀傷。光是這樣，就說明了我們和尋常的幸福夫妻沒兩樣。十四歲離家，只經歷過住宿生活的她安於現況，在這艘不曉得何時會翻覆的破船上，認命似的滿足著，做著還不是很熟練的家事，照顧孩子，總覺得再這樣下去，挺可怕的。總之，我們過著安穩生活。

孩子突然不想喝母奶，硬是餵也會吐出來，也就愈來愈瘦弱。醫生診斷他罹患乳腳氣[12]，只好趕快停止餵母乳，改吃奶粉。突然很不安的她遂把此事告知從伊勢的中學，調職到長崎東山學院的父親，隨即收到要我們趕快帶著長孫過去，他們會幫忙照顧的回信。於是我們湊了些錢，一家三口從橫濱搭船過去。

東洋汽船的歐洲航線菜單可是世界出了名的豪華。聽惣之助說，二十四道菜色依序攻克，由下至上吃一遍就對了。我從年少時就很講究美食，過慣住宿生活的她倒是不挑食，和我在一起之前，甚至連中菜也沒吃過。她對於船上飲食如此豪華一事深感驚訝，她的這般反應令我非常滿足。因為這也是表達愛意與善意的方式之一，也是給人生的一種獎勵。勉強籌措到的錢一下子就花光，這般用錢方式就連衣食無虞的傢伙都令人不齒，何況是日子過得捉襟見肘之人，肯定被責備是自食惡果，卻也是難得有錢入袋的人，才能嘗到散盡家財的快感。一旦記住奢侈的味道，就很難壓抑慾望。

長崎是個石階很多的城市。登上好幾道長長石階，來到位於十人町的妻子娘家。從那裡爬個幾段石階就是法國天主教東山學院，再循著這條路上坡、下坡，就會來到大浦天主堂。妻子娘家熱情歡迎我們一家三口。就讀女校的小春、阿房、千繪，輪流抱著年幼的外甥，一副驚慌失措樣。孩子就是惹人憐愛，在船上時也是，有個西方大嬸笑著說了句「Nice Boy」，親吻孩子的臉頰。我告別暫住長崎等待孩子身體好轉的妻子與兒子，獨自返回東京。搭乘每一站都停的慢車三等車廂，

12 嬰兒缺乏維他命B群，多是哺育母乳引發的關係。

花了兩天才抵達東京。除了想拚命賺錢，送錢給在遠地的母子倆安心生活，也覺得獨處時，緊繃的情緒霎時舒緩不少。那些一起吃喝玩樂的損友們似乎都不太高興我結婚一事，這是我去找一位總是居無定所的朋友時才曉得的事。「金子你啊，不適合結婚啦！」也有前輩一派篤定地說。於是，我和那些不看好我的婚姻的朋友們漸行漸遠。那些離叛的傢伙中，還有人中傷我；算是頗有人緣的我從此被冷落，人生驟變。對我失望透頂的傢伙就連我的詩也詆毀，說什麼創作《金龜子》的詩人在這時代已無立足之地，反正無論哪個時代的詩人都是當下不被看好，有志難伸。我也因為《金龜子》前途未卜，飽受他人批評，要想堵住這些人的嘴，用文學回敬是最快的一條路，無奈文思枯竭，就連人也快被擊垮，著實令人憤恨。我明明不只一次想退出文壇，但沒了文學的我就什麼也沒有的矛盾折磨著我。妻子因為不知世事，所以不懂待客之道也成了被批評的因素之一。比起介入調停，為了庇護妻子，不惜與人為敵更符合我年輕時的個性。於是，我一方面樹敵，又努力裝作若無其事，毫無愧疚地向在心裡認定是敵人的傢伙借錢，成了我這輩子最四面楚歌的一段日子。只剩下聯絡方式的我輾轉投宿淺草的「若松屋」、上野的「井筒屋」等市區旅館，蓋著棉被邊沾著汗垢的棉被睡覺。這時期身邊僅剩的掛畫、古董也幾乎脫手，攢了一筆錢，就這樣坐一趟就得花上整整兩天的列車往返長崎。那年歲末，改喝奶粉的孩子身體總算無虞。正月時分，我替紅綠老師在「每日新聞」的正月隨筆專欄代筆，得到百圓的優渥稿酬，一家三口用這筆錢去附近的嬉野溫泉放鬆一下。溫泉旅宿頗老舊，或許我們的心更落魄吧。

旅宿的大門是有些髒汙的平家琵琶門，飄散一股哀愁感。夫妻倆就是在這裡興起去上海一遊的念頭，從長崎搭船到上海，只需一晚即達。稿酬還剩下一半，可做為船費，為了籌措旅費的我返回東京。大正十五年（這一年的十二月變成昭和元年），西元一九二六年，我三十一歲，三千代二十六歲。萬事俱備，也攢到足夠的旅費，又得到谷崎潤一郎[13]寫給田漢[14]、郭沫若[15]、謝六逸[16]、歐陽予

13 一八八六—一九六五年，小說家，曾提名諾貝爾文學家，代表作有《細雪》、《春琴抄》等。

14 一八九八—一九六八年，話劇作家，戲曲作家，電影劇本作家，一九二〇年代是親共作家組織創造社的成員。

15 一八九二—一九七八年，中國現代著名的無產階級文學家、詩人、劇作家、考古學家。

16 一八九八—一九四五年，中國作家、翻譯家。他被認為是現代中國新聞教育事業的奠基人之一。

倩[17]、「大每」的特派員村田孜郎[18]、內山完造[19]、宮崎議平等人的七封介紹信，得以懷著好心情展開旅程。

這趟旅行是我們的漫長旅程前奏，為日後的大旅行奠基。對我們來說，是一趟意義非比尋常的旅行。

從長崎到上海的交通船有長崎丸與上海丸，交替無休地往來航行。這時對我來說，上海行就像擋在前面的牆崩塌，裂了個大洞，外頭的風不斷吹進來似的解放感。即使只是一夜行程，要是能從另一處地方眺望、反省迷失在狹窄之地，無法動彈的日本生活，絕對是影響我今後人生，改變命運的大事。蔚藍的海洋讓人醒來眼睛一亮，瞧見海水變成洪水濁流，延續至水平線的景況，我突然覺得自己「已無退路」。目送沿著船緣奔流，發出沉鈍光芒的海水，瞬間彷彿瞧見自己那露出白肚的屍體在海上載浮載沉。有如脫離凡胎的我成了被留下來目送這一切的人；雖說只在上海待兩個月，卻讓我明白世上有著和我們認知的東西完全不一樣的道德觀。一九一九年的最初歐洲旅遊也是，原本應該停靠上海才對，不知為何，那時的記憶很模糊。

上海行對我們來說，是一場小慶典。因為谷崎的介紹信寫得甚是懇切，讓我們所到之處都得到意想不到的好處。至今還是想不透他為何如此厚待我這個一無是處，又沒什麼特別交情的人。除了郭沫若不在上海，沒見到面之外，其他人都會面了。村田孜郎在我們抵達當日，便帶我們逛四馬路，還帶我們去天蟾舞台觀賞京劇。內山完造早就為我們安排入住餘慶坊，始終都很照顧我們。我和田漢一見如故，相談甚歡，他的湖南朋友們再三邀請我們參加派對。銀之宮崎議平、石炭的高岩勘二郎資助我們，想說我們特地來一趟上海，帶我們去了蘇州、杭州、南京（蔣介石立都之前，還很荒僻的金陵之地）。江南還在革命後軍閥五省的督軍孫傳芳的治理下。陰謀與鴉片、夜夜笙歌、歡場喧囂的上海是混雜著蒜與油、煎藥與腐敗物、人體消耗能量的氣味，難以言喻的體臭令人作嘔，而這般臭到無法忘懷的魅惑就是讓人無法擺脫的原因。我們回日本後，有好長一段時間還是無

17　一八八九—一九六二年，中國劇作家、戲劇教育家、導演、演員。

18　每日新聞社社長，也曾從政。

19　一八八五—一九五九年，在中國與日本經營書店，對於促進兩國的文化交流深有貢獻。

法從這般慶典氣氛中醒來，但現實是殘酷的，就像歡樂過後的哀傷，東京的生活就像二手貨市場般等待著我們。幸好孩子很健康。我們帶著孩子，還有這年春天剛從女校畢業，三千代的二妹春子一起上京。

愛的酸蝕

從長崎回京的路上，我把妻兒與小姨子安置在湯河原的「高杉」旅館，自己先回東京，安排一家子的安身處。在中野與高円寺之間的落窪，租了震災後臨時搭建的兩棟兩層樓長屋的其中一棟。這個新家庭就是不知世事的天使們的住居。妹妹春子是乘著氣球，翱翔天際的天使。對於一看就知道對未來沒什麼具體打算，也不曉得如何給他們幸福的我來說，一臉凡事交給我決定就行了的三千代也是不食人間煙火的存在。不用說，孩子就是姊妹倆的寵物。她們相信我的能力，也深信我在別人眼裡是個備受尊崇的存在。我謊稱掙到的一點點錢是稿酬，即便是有點骯髒的錢，即便是千辛萬苦掙來的血汗錢，也不忍心讓她們知道這些錢是怎麼來的。從沒讓這三隻有如一串糯米糰子，窩在籠子裡的小鳥們嘗過有毒的錢、有錢好辦事的世間是怎樣的酸澀滋味。我懷著反正誰沒賺過髒錢，誰沒幹過卑鄙事的心情，一心為她們擋風遮雨，違逆許多人的心，所以那段時期的我成了不受歡迎的人，生活也愈來愈狹隘。那時還勉強自費出版森三千代的處女作，詩集《龍女之眸》，還邀請野口米次郎老師寫序。我的老友小山哲之輔，經營一家名叫「有明社」的印刷店。他從學生時代就是一派吊兒郎當的調調，曾幫淺草的新門連合會企畫宣傳雜誌，也和甲州屋的老爹交情不錯，是個在賭界也很吃得開的男人。這男的開始認真經營印刷這行業時，我找他商談我想把和三千代合著，去上海旅行時寫的小景詩彙整附梓時，他爽快應允。我們約定好一本賣一圓，因為只要掏一圓就能買書，所以銷量還不錯。一天走訪四、五戶人家兜售，也接受預付書錢的訂購。因為擔心書是否能如期交貨，所以我這邊也盯得緊。預定印刷兩百本，但因為已收到一百二十本預購的書錢，所以扣掉交通費、餐費，還能拿大約一半的書錢，日子暫時可以過得寬裕些。在買賣交涉過程中，不乏要和認識的文士、同行友人接觸，所以總覺得兜售牙刷、牙籤還比較沒那麼受辱。入夏後，書終於印好。書名是《鱶沉》，書封用的是紅色羅紗紙的薄薄一本書，也有人抱怨好貴，當著我的面，扔進垃圾桶。面對這般行為，我並未動怒，只是借了一把刀，裁下妻子的作品部分帶回去。因為我不想連妻子都受到這般屈辱，覺得她一定無法忍受。那些嗤笑我盲目寵妻的傢伙，其實是不喜歡我的反骨個性和翻臉比翻書還快的態度。踏出成為女流詩人一小步的三千代，開始和當時的年輕女詩人上田靜榮[1]、目次緋紗子，還有算是前輩的米澤順子[2]、英美子[3]等人往來交流。幾乎每天晚上都有所謂的詩集出版紀念會，有時她也會受邀出席。因為還要繳會費，所以我很少出席這般場合，反正不管是去哪種聚會，難免會遇到不打聲招呼不行的人。無論是什麼樣的聚會，草野心平[4]一定會在會場走廊外頭擺設謄寫版印刷店「銅鐸」的攤位；聚會進行到一半多時，畫家安永良德[5]一定會裸身提著燈籠，「月夜就是要看變成錢包開口的那個。」來一段哼唱跳舞的餘興節目。良德和八郎的交情匪淺，三千代回來後一臉吃驚地告訴我這些事，之後就不想再去參加這種聚會。我家沒訂報紙，也不太看雜誌、書，所以不太瞭解當前局勢；不過，文學少年出入都會帶些消息，所以多少知道詩壇的一些無聊謠傳，像是誰現在活躍於什麼樣的工作，聽到時也只是敷衍回應。每次聽聞有人為金子光晴明明是才子，為何沒做什麼正經工作而深感可惜的一事時，我都會為那個人，在心裡偷偷地焦慮著，但這般焦慮只是一時之事，馬上又會淹沒於日常瑣事中。

當時的詩壇，比我們年長的前輩們早已潛沉，比我們小個五歲、十歲的年輕一輩都是主張無政府主義的激進傢伙，他們把這塊創作園地搞得一片狼籍。聚集在白山一處稱為「南天堂」木造建築二樓的年輕詩人們喝得爛醉、激烈爭論，最後還互擲椅子、菸灰缸，亂鬥已成了慣例。岡本潤[6]、萩原恭次郎[7]、壺井繁治[8]、都崎友雄[9]、局清，這些名字都留存在我的記憶中。這些人齊聚一起，成了文壇這方舞台的主角，像我這種差一點參與其中的人也成了他們斥罵的對象。幸好我的心遠離詩與文學，雖然有點憂鬱，卻不覺得衝擊。我只參加過一次他們的聚會，明知他們想批判我，我也只是冷笑回應：「我們可是不同路啊。」結果回家路上，我獨自走到春日町一帶時，突然有種不快感襲上心頭，遂大吼一聲：

1 舊姓友谷，一八九八年生於大阪，之後與家人遷居朝鮮，女校畢業後回到東京發展。
2 一八九四—一九三一年，大正~昭和前期的詩人，先是學畫，之後創作詩。
3 一八九二—一九八三年，本名中林文，詩人。戰後的「日本未來派」成員。
4 一九〇三—一九八八年，日本詩人。日本藝術會員、曾獲頒文化勳章。
5 一九〇二—一九七〇年，昭和時代的雕刻家，福岡縣美術協會理事長。
6 一九〇一—一九七八年，詩人、腳本家，詩誌《紅與黑》的創刊人之一。
7 一八九九—一九三八年，詩人、腳本家，大正末的藝術革命先驅。
8 一八九七—一九七五年，詩人，戰後創立新日本文學會。
9 一九〇一—一九九一年，筆名ドンザッキー，詩作風格多彩。

「這個混蛋！」聲音大到路上行人都回頭。這聲怒吼沒能在他們面前宣洩，令我更惱火。更令我困惑的是，有時發現他們的作品比我的創作更貼近自己的心境；雖然他們在人前的自大言行彷彿用大聲公替我宣洩孤身一人，與世間格格不入的苦悶感，但討厭人的我實在無法與他們稱兄道弟。那時的我還有奇怪的潔癖，即便是和親兄弟也無法同桌共食，因為突然覺得人類就是妖怪的我必須設法努力讓自己面對別人看來再平常不過的事。明明很支持自己的想法，卻又為此苦惱不已的我即使明白什麼才是對的，還是無法沉迷別人堅信的宗教與思想，一起高唱：「卑劣者！消失吧！消失吧！」反而悄悄地理解卑劣之人，自己也淪為卑劣之人。

就讀小學時也是，內向的我羞於和大家一起唱國歌，總是張嘴做做樣子。那時，無政府主義者與布爾什維克主義者日益對立，卻也有不少主張無政府主義的青年倒戈布爾什維克主義。可想而知，那些不認同由乞丐、小偷、流浪漢、暴力份子主張的無政府革命的學生、知識份子，逐漸被以理論說服人心的共產主義吞噬也是理所當然的結果。奇怪的是，推崇共產主義的青年也高唱「卑劣之人」的歌，但只有高唱「我們要守護黑旗」、「我們要守護紅旗」這兩句。倒戈布爾什維克主義的無政府主義者們則是遭受凌遲，生不如死。高円寺、阿佐谷一帶不管是左看還是右看，都是那種說得一嘴漂亮話的共產主義者蠢蠢欲動，聽他們說話就會覺得還是酒品不好、信奉無政府主義的傢伙比較可愛；雖然我自己既不是無政府主義者，也不是布爾什維克派，若硬要選擇的話，應該和無政府主義者的脾性較為契合吧。至少印象中相處時很少有讓我惱火的事。我思索著要如何度過這場風暴，總不能裝傻地說句：「好色男才不關心這種事吧。」

他們喝酒作樂、玩女人，去夥伴家蹭飯，可是活得很有一套。總覺得他們和過往那些自稱是明治維新志士的地痞流氓沒兩樣，合理化自己的所作所為、大言不慚，攀附權貴；相較之下，活得拙劣的我根本連他們的腳邊都搆不著。後來我才知道，偏左翼的人在社會各層面多是敢說、有能力的成功者。有時我會懷疑自己是否天生就無法融入社會，倒也不是一無是處，就是比別人多了三倍無謂的羞恥心與自尊心，而且因為自我意識過高，很在意別人的批評又敏感，容易樹敵；不然就是明明可以充分表達卻選擇放棄，結果就是把自己逼入窘境。這是溫室裡的花朵，不知世事的少爺一旦身無分文地被放逐時就會嘗到的結果。問題是，該如何鍛鍊修正呢？日子還過得去時，面對那些來找我說漂亮話，好面子又愛逞強，或是向我哭訴的傢伙們，我總是為自己能夠看穿他們的企圖，以冷酷態度適當應付而暗暗自誇；但如今情勢逆轉，自己身處他們的立場，深切感受到何謂悽慘，一想到要請他們伸出援手，我只想別過臉，逃離這樣的自己。不像那些有個名目可以主張自己走的這條路是正確的人，我的立場除了自然被孤立之外，別無他途，畢竟光靠己力無法抵禦世間的冷眼、批評與責難，也就只能想辦法變強。於此同時，我也逐漸放棄自己，投身虛無。只能依從逐漸被消磨的自尊心，卸下廉恥心，只求心不再受傷，也學會找藉口，正當化自己的一切。看來人要是不覺得自己是對的，就無法好好地活下去。

人與生活瀕臨瓦解的同時，我家的氣氛卻不可思議的和睦。以我為中心，不食人間煙火的妻子，天真無邪的小姨子，以及還在學走路的小乾，他們營造出來的生活氛圍就是如此優美，美得好虛幻，在這般世風中看起來更顯哀傷；但至少庇護他們一事，讓我忘卻逐漸崩壞的事物。我的悲慘只能靠擁抱妻子的身體而得到慰藉。十錢六個可樂餅，我們在只有南京米的天國開朗地生活著，即使生活貧困卻沒有一絲污染、落魄樣；但我和妻子還是不時爭吵，只靠著沒用的癡情撐著。我一推妻子，她就會從破了個大洞的紙門滾到隔壁房間。一邊嚷著震災後物資缺乏，壁紙下方貼上報紙的破爛房子；加上房子蓋在低窪地區，一到梅雨時節，雷聲轟鳴，瞧見閃電在隔壁人家二樓的蚊帳四周劃過。因為小姨子很害怕這景象，所以我們遷居到鐵軌對面的高円寺，一棟有三個房間的平房小屋。我借來一輛手推車，把家當堆疊在車上，由我拉車，妻子和背著孩子的小姨子在後面推車。沒想到車輪陷在一望無際的田裡，推車動彈不得。因為繩子沒綁妥，鍋釜翻落，趕緊重新綁緊。為了搬家而排開其他事，明明中午出發，卻始終抵達不了只有眼睛到鼻子距離的目的地。穿越中央線的鐵軌時，我們站在荒地上仰望傍晚月色。

遷居小房子後，生活並未變得輕鬆。即使是衣衫襤褸、四處漂泊的該隱後裔也有悲歡離合的時候。在愛中成長的兒子很討附近鄰居們的喜愛，他會跑去一樣貧困的鄰居家小庭院，赤腳登上別人家的簷廊，然後一屁股坐在午睡中的鄰居太太的枕邊，說了句：「有客人哦！」鄰居太太嚇得醒來，瞧見有個陌生孩子端坐著，「客人來囉。準備點心吧。」還這麼催促。「真的好可愛。問鄰居是哪家的孩子呀！就帶他回家囉。」鄰居太太一副疼愛不已的口吻。母親與阿姨就是很寵他。小姨子花十錢，去高円寺館看時代劇電影，一部電影看三遍；每次演到悲劇場面，她就會嗚咽啜泣。「姊姊怎麼了？怎麼在喘氣？哪裡痛嗎？」夜半醒來的小姨子問。壓在妻子身上的我不得不出聲哄她：「別擔心，快去睡吧。哥哥在幫她治療。」又跑去外頭閒晃的我到家時已經午夜十二點。我想起阿爾弗雷德・德・繆塞[10]的作品《夜》，描述母鵜鶘為了給孩子們找食物，徘徊荒漠中，結果一無所獲，沮喪回巢的牠用大嘴刺穿自己的胸口，掏出肝臟餵食飢餓的孩子們。松本淳三[11]、岩垂保美、松平道夫，有時會登門造訪，以及和我一樣穿著衣襬後頭裂開的丹前[12]的新居格[13]從庭院悄悄進屋，問身上只有五錢的妻子：「有十錢嗎？」原來是來借錢。「我家的金子出人頭地了嗎？」心想新居莫非我是同類人的妻子問了個比從五錢生出十錢還困難的問題，令他十分傷神。「這個嘛……應該快了吧。」他說了如此沒信心的話之後便走了。聽到這番話的我心想妻子又對我充滿期待，只覺得受寵若驚；無奈我沒有那種機會，就算想變得有名也不知從何做起。說到稀客，還真是出乎意料，我在上海結識的朋友田漢帶了一位化名雷天振鳴的高壯大漢，露出他那一貫的詫異神情，從我這破陋房子的庭院窺看屋內。雷天先生說他是中國的陸軍中將，來日本是為了考察戲院。我心想就算要借錢，也要好好款待他們時，沒想到我們受邀出席那晚辦在小石川傳通院裡的中國料理店宴會。我偕同妻子赴約，東道主是菊池寬，同席的熟面孔有佐佐木茂索[14]、片岡鐵兵[15]、橫光利一[16]，以及沒什麼交情的十一谷義三郎[17]、川端康成[18]。我覺得有點掃興就是了。田漢年輕時是個時髦、豪爽之人，絕對和土裡土氣的菊池一夥人不投契。我和妻子懶得搭理菊池他們，拚命和田漢他們敘舊。田漢在妻子的鼓吹

10 一八一〇—一八五七年，法國貴族、劇作家，詩人，也是小說家。
11 一八九五—一九五〇年，詩人、無政府主義者、政治家。
12 塞入厚棉的防寒用和服上衣。
13 一八八八—一九五一年，評論家、政治家，主要是寫評論和翻譯。
14 一八九四—一九六六年，小說家、編輯，也是文藝春秋新社社長。
15 一八九四—一九四四年，小說家，代表作有《虹之秘密》。
16 一八九八—一九四七年，小說家、俳人、評論家，代表作有《南北》。
17 一八九七—一九三七年，小說家、翻譯家，代表作有《靜物》。
18 一八九九—一九七二年，小說家、俳人、評論家，代表作有《雪國》、《伊豆的舞孃》。

下，高唱一段「汾河灣」，妻子也以奇怪節奏唱了一段我教她的「大津繪」，不難想像我們如此旁若無人的模樣讓那些文士們相當不悅。我正要掏錢付我們這一份時，茂索與鐵兵出聲阻止：「交給老爹就行了。」菊池請客一事讓我莫名介意，像我這種憤世嫉俗、性格乖僻的男人，越是對於這種事懊惱不已。遷居高円寺的生活就這樣過了好幾個月，我們在附近的商家，舉凡米店、雜貨店、蕎麥麵店、豆腐店等店家都有賒帳。好比豆腐店，一丁五錢的豆腐，我們買了百丁，積欠五円；雖說沒現在的商家那麼咄咄逼人，但光是應付紛至沓來的催款就讓我每天精神耗弱。友人陶山篤太郎[19]勸說為此苦惱不已的我：「就欠著吧。我也積欠房租二十六個月，幸虧同住長屋的夥伴們給我打氣，反正都拖了這麼久，更不可能付囉。」那時，失業的市井小民還真不少，既沒失業保險，也沒有為失業者發聲的組織，就算有，也成不了什麼氣候；不過物價倒是便宜，不少傢伙索性去熟人家蹭飯，不然就是跑當鋪、借錢，過一天算一天。不想這麼一直積欠的我竟日愁眉不展，面對事態逐漸惡化也無計可施。事情終於到了不得不解決的時候，就算小姨子再怎麼天真無邪，也不可能沒察覺氣氛不對，「是不是出了什麼事？莫非要送我回去？」這麼問。於是，我硬是送眷戀東京生活的她坐上返鄉的車子，再去找長兄商談如何善後。長兄年輕時跟隨家父從事礦山買賣，還開了自稱販售專利品的公司，後來倒閉，就是個耗費半輩子逐夢的男人。現在他在富士見町經營藝妓屋，還在上野廣小路販售青島牛肉，還養了一支樂隊掙錢。有件事他從未提過，所以不太清楚，聽說他和家父以及三位手下躲在北朝鮮的深山洞窟，印製外國假鈔，後來事跡敗露遭官府追緝。當時，他和經營娼妓館的妻子住在大久保百人町。舊幕府時代有百人的同心[20]住在這裡，因此取名百人町。同心因為薪俸微薄而栽植花木，這裡遂成了江戶時代不分貴族平民都會來此賞杜鵑花的地方。這一帶有不少園藝老店，長兄夫婦住的這棟房子就是向園藝店租的別館，大門入口散布著偌大的青石與紅石。

面對久未登門造訪的我，長兄一邊嗅著古柯鹼，「沒辦法，只能逃了。必須快一點，把弟妹和姪子送來我這邊吧。而且別讓你那些朋友知道。這事得趁別人

19 一八九五－一九四一年，詩人、企業家，後來從政。

20 江戶幕府的下級公安人員。

睡覺時偷偷進行，在這之前必須先處理家當，交給這男的處理就行了。放心，他對這種事很在行。」簡單明快地回應我的煩惱。平常總以有個地痞流氓的兄長為恥，無奈這時也能依靠他了。我送妻兒離家後，為了不讓鄰居察覺有異，還故意一邊吹口哨，一邊從貧困人家的破銅爛鐵中挑出一直留著的不相稱家當捆好，塞入大紙箱，逐一搬至家門口。半夜兩點多，一輛小卡車悄悄地停在我家門口。「敝姓細井，是您兄長的手下，初次見面，還請指教。關於您的事，您兄長都告知了。」從卡車下來的男子有禮地打招呼。細井這男的正經得有點詭異，從他那用細細角帶繫緊的嬌小身軀散發一股他們那種人特有的陰沉味。沒想到他做起事來，竟是如此有條不紊又機敏，不發出半點聲響的把東西悉數堆上卡車。「這是小少爺的五月金太郎人偶吧。」一邊搬運的他還有餘力觀賞東西。東西全數搬上車之後，他去了趟廁所後，一邊抽菸，一臉興味津津地打量著擔心吵醒住在隔著兩戶人家，每天都來催繳房租的房東的我，順口消遣幾句。我們就像潛入敵營，打算開車逃離的士兵，待成功脫身後湧起一股想大喊的衝動。開車的細井和我並肩擠在駕駛座上。卡車奔馳在昏暗夜色中，想說是前往大久保的百人町，車子卻開在連路都沒有的荒地上，搖搖晃晃地在田地裡行進。

夜空滿布星辰，傳來像是硬幣碰撞的聲響，俯瞰到荒涼山谷間有處聚落。車子停在一棟房子前，沒想到妻兒怔怔地坐在電燈照亮著屋內空無一物的榻榻米上。從京王線笹塚往右拐，翻越一座山谷來到這處名叫中野雜色的新開墾地，這一切都是長兄的計謀。長兄後來因為偽造印鑑事件，成了詐欺案的主謀者而遭通緝。他為了躲過十年的通緝時效，戴上黑框眼鏡，過著不見天日的生活，後來沉迷毒品，身心都被侵蝕，於戰時在疏散地信州的戶倉，因為精神錯亂而死。至於細井後來如何就不得而知了。我竟然忘了自己幹的虧心事，厚臉皮地逐漸習慣這種躲債生活，還真是一種難以忘懷的生理魅力。我們在笹塚的生活於焉開始。

儘管世間景況不斷更迭，我的生活依舊不如己意，光是籌個一円、二円就耗費百倍心力，必須拋卻羞恥，甚至遭人輕蔑、羞辱，落個體無完膚的結果，總覺得肯定唯獨自己欠缺為了生存，任誰都有的本能生理條件。從小就不擅長體育的我可能沒什麼運動神經，也可能是因為有著不服人的傲慢，只要一想到妻兒處境就很焦慮，於是我拖著書生穿的粗屐帶朴齒木屐在東京奔走。因為走路姿勢的關係，木屐齒外側磨損嚴重，實在不好走，遂到尾崎喜八[21]位於高井戶的家，因為喜八外出，所以向他太太借了鋸子鋸木屐齒，無奈鋸子不夠鋒利，直到夕陽西沉，夕月初昇，才總算弄好。當時除了尾崎，我和中西悟堂[22]也有交情。光頭的悟堂一向我行我素，家裡斷糧後，他就常摘松葉吃，搞不好想成仙吧。他和常剛學會走路的孩子一起走在鄉間小路上，瞧見停在大葉子上的青蛙，竟然抓起青蛙放在掌中，然後用舌頭舔食，目睹這一幕的我嚇得目瞪口呆。還有一次，我們家在蒸食馬鈴薯，悟堂恰巧來訪，妻子說：「悟堂先生不吃一般人吃的東西吧。」他趕緊回道：「沒這回事，我在別人家是什麼都吃。」一樣也是理光頭的赤松月船[23]則是在三千代忙著用大鍋子，煮些薯類、蔬菜時來訪，他們家也陷入斷糧窘境。這兩位和尚好友見狀都會幫忙洗鍋。中西和赤松都是窮困到連飯都沒得吃，但可能是和尚性格比較豁達吧。不像我這般焦慮，也不會在人前總是愁容滿面。尾崎明明是有錢人家的少爺，卻喜歡窩在高井戶過著庶民生活。大木惇夫[24]、福田正夫[25]的家境也頗優渥。福田每次來訪時，都會帶生牛肉作為伴手禮，可說是我家的福神。大木總是突然從玄關衝進來，舔我的臉。孩子總是獨自在玄關旁的三疊榻榻米房間玩耍，每次一聽到兜售玄米麵包的叫賣聲，就會用給他的五錢買麵包吃，只希望他健康長大。我們的生活既沒好轉，也沒減損什麼，太陽日復一日照進同一處地方，溫暖侵蝕我們肌膚的情感，讓人覺得該不會一輩子就這樣下去吧。總覺得有種就算無趣也束手無策的感覺。無論是她的浪漫情懷，還是我的雄心壯志，都被認為是年少不知愁的想法罷了。那時維持家計的主要營生就是講談社雜誌的補白稿件，從笹塚到團子坡相當遠，但我為了省交通費，多是走路過去。倘若是急著修改的工作，我會去位於出版社附近的高村光太郎[26]家借個房間，寫些偉人逸事或感動人心的短文。有時也會有寫好稿子，也交稿了。回家時卻收到出

21 一八九二—一九七四年，詩人、隨筆家、翻譯家。
22 一八九五—一九八四年，研究野鳥的專家、詩人、歌人，皈依天台宗。
23 一八九七—一九九七年，詩人，皈依曹洞宗。
24 一八九五—一九七七年，詩人、翻譯家。
25 一八九三—一九五二年，有「國民詩人」的美稱。
26 一八八三—一九五六年，詩人、歌人、畫家，也是雕刻家。

版社退回稿子的情形。打開隨稿子附上的信一瞧，恭謹寫道：「老師的文章讓編輯們很感動，但礙於版面已滿，不確定何時能刊載您的文章，只能含淚返還。」面對如此客氣的無禮行為，我竟然連生氣的氣力都沒有。要是沒拿到稿酬，一家三口就等著變成木乃伊。

講談社的接待櫃台處可以看到各種傢伙，最常遇到的熟面孔是岡本潤[27]、伊藤永之介[28]、塚原健二郎[29]等，當然還有其他人。當紅的傢伙可以自由進出，只要抬高下巴朝櫃台示意一下就能進去。大半夜的寫些沒價值的東西，賺取微薄稿酬的生計，總覺得一輩子都會這樣過下去，別無他途，只怪自己沒能力扭轉命運。天地浩瀚，悠悠遠遠，悲傷有如霧般茫茫升騰，只有感傷宛如潺潺小河悄悄流淌心底，這就是我們窮困詩人的世界。我這才開始察覺多年來，把我打造成不切實際之人的傢伙，就是我認為再也沒有比這更至高無上的工作，那就是我醉心的文學，尤其是詩。我本來就是個不擅汲汲營求的人，既乖僻、自戀，又怯弱，但再也忍受不了只會和志同道合的夥伴相互取暖，任憑詩人氣質沁染肌膚的自己。再者，也是因為受不了那些總以夥伴意識壓逼，虛張聲勢的傢伙。總之，當我開始查覺和詩脫離不了關係的人生是失敗的，其實不只詩，對文學也不再有愛時，至少有權利選擇放手也是對自己的一種體貼。虛無不過是一種感傷的表現，孤獨則是人性化的反面。總覺得暫時從詩與詩人身分抽離，避開與詩和文學有關的事物是認清並掌握現況的要件。妻子三千代的心境和我截然不同，矢志創作文學與詩的她雖未能實現志向，但十二年來忙於育兒與家務的她為了填補這段空虛時光，積極學習新知與感性；在我眼中，這樣的她有著無比堅強意志；而她似乎也終於意識到跟隨我而學到的東西，只是落伍過時的教養。我不否認，但答應讓她親身體驗世間之前，我還是認為必須親手拉拔她，倘若她真的有才華。

然而日子一天天過去，我卻連一本雜誌也沒買給她，也沒對她說過半句令她心滿意足的建議。我們之間的羈絆就是對於孩子的關愛，以及出於愛情餘溫的肌膚之親。對於價值觀不同於以往的我來說，除了肌膚之親時的親暱行為與呻吟聲

27 一九〇一—一九七八年，詩人、腳本家。
28 一九〇三—一九五九年，小說家、兒童文學作家。
29 一八九五—一九六五年，童話作家，曾擔任日本兒童文學協會會長。

之外，塵世的一切都摻雜著雜音。

在我們晝夜不分的日常生活中，突然迸出一件麻煩事。我說要去拜訪佐藤春夫[30]時，身旁坐著一位陌生青年，我請他離開，青年卻硬是拜託我們收留無處可去的他借宿一晚。想說被趕走的他應該已經找到落腳處，沒想到十一點多他又出現了。出身秋田縣橫手，身形瘦削，一派放浪不羈的M君是那種年輕女孩會喜歡的男人。我讓他借宿在孩子當作遊戲場的三疊榻榻米房間，結果一住就住了半年。只有吃飯時才會露臉，其餘時間都窩在房裡的他不曉得何時才會離開。山崎俊介來訪，一副勸我只好認栽的口氣說：「吃閒飯的人就是這樣子囉。」一邊朝庭院灑水，還清掃門口。因為他自己也很想當食客。

M君借宿我家期間，我寫了以上海為題材，多達百頁的小說《芳蘭》，參加第一屆「改造」小說獎。因為沒什麼自信，遂拿給佐藤春夫、橫光利一過目，得到兩人高度誇讚，結果我的小說沒得獎。本來打算用獎金帶妻子去歐洲，如今這場空中盪鞦韆般的表演以失敗收場，我也放棄創作小說。

我常和獨步的兒子國木田虎雄碰面，我們的命運也開始出現轉機。拜改造社與春陽堂推出一本一円的日本文學全集之賜，文士們經歷這輩子初次的黃金高峰期。父親的版稅多到讓虎雄花不完，他帶著新婚妻子住遍各大飯店，還賭馬散盡鉅款。想去上海一遊的他委託我當嚮導，想說利用剩下的一點點錢，去趟上海看看。

「那麼大筆錢快用光了，也是沒辦法的事。這就好比樂團一旦開始演奏，就算笛啊，鼓的演奏到一半就收手，樂團還是得演奏到最後。錢這東西一旦用了，就沒有收手的時候了。感受到失去什麼後，又將開始新人生。所以想說還是留一點錢的小裡小氣想法很不可取。」身為前輩的我竟然不懷好心眼地勸說年輕小輩。上海行一事確定後，我沒和妻子商量就擅自決定讓她留守簡陋的家，把孩子託給妻子在長崎的娘家，然後和國木田夫婦一起逗留上海約一個月。那時的我自私任性又不體貼，完全沒顧慮到另一半的寂寞之情。我留了一些錢給她，先請M君另覓他處，便帶著孩子和國木田夫婦一起從東京出發。「想說這箱蘋果剛好可以當

30 一八九二—一九六四年，詩人、小說家，活躍於日本文壇各領域。

作見面禮，那我就帶走了。」剛好收到老家寄來一箱蘋果的M君就這樣抱著箱子不曉得遷居何處。我誤以為這場旅行能成為一家生活的轉機，也這麼說服妻子，強迫她相信，其實說穿了，不過是為自己的鬱悶尋一方出口罷了。

帶著孩子的我眺望在東京車站月台上奔跑，拚命衝向我們，留著齊耳捲髮，身穿縐綢外套，拎著裙襬的三千代。「小三還真是嬌媚啊！」國木田在我耳邊囁語。國木田很講究門面，出身橫濱的妻子道子穿的是那時少見的洋裝。在上海的一個月，我一直陪著國木田夫婦賭馬。去杭州旅遊時，順便出席歡迎歐遊回來的長谷川如是閑[31]、本間久雄[32]的聚會，橫光利一也出席，老朋友齊聚一堂。活脫脫就是個鄉巴佬的橫光走在極司菲爾路公園一帶，喃喃自語：「根本跟高田馬場很像啊！」在永安公司的中國浴場，他和我、國木田三人並肩站著，讓別人幫我們解開鞋帶、摘掉帽子、脫掉外套、上衣、褲子、襯衫、四角褲，完全不用自己動手，只見橫光疑惑地感嘆道：「沒想到還有這種服務啊！」他在名為「Blue Bird」舞廳和舞者靜公一起跳舞時，「這還是我生平第一次哩！」總愛大驚小怪又沒自信的他，人緣卻很好。

我和橫光的朋友金鷹君就是在這時結識，之後也一直往來；也和畫家宇留河泰呂[33]暱稱ＰＡＮ先生的他也成了好友。ＰＡＮ先生是日本第一個前衛藝術團體「三科」[34]的成員，為了前往巴黎而離開日本，和一樣追求夢想的朋友們一起在上海閒晃度日，等待時機到來。他穿著當時時髦男子才會穿的水手褲，留著像是藤田嗣治[35]那樣的河童頭，看起來就是一派放浪不羈。他幫任職日清汽船的朋友看家，和叫做栗鼠的人一起住。因為阮囊羞澀，總是餓肚子，見他的鞋子壞了，我還用國木田寄放在我這裡的錢幫他買鞋子，也就突然拉近我們的關係。ＰＡＮ先生其實是個很機靈的人，畫技相當新穎，充滿創意。我玩樂時還是很掛心家裡

31 一八七五—一九六九年，記者、評論家，也是作家。
32 一八八六—一九八一年，英文、國文學者，早稻田大學名譽教授。
33 生年不詳，離開日本後，以巴黎為據點從事設計活動。
34 大正時期的前衛藝術團體，以木下秀一郎為主，結合舊未來美術協會、舊Mavo、舊DSD等，與新興美術有關的人士而組成的團體。
35 一八八六—一九六〇年，旅居法國的畫家、雕刻家，以裸女畫像贏得西方畫壇的肯定。

的事，留下國木田夫妻，先行返國時，把賭馬贏來剩下的一百多日圓偷偷地揣在懷裡。臨走時，PAN先生送我到碼頭，「等我安頓好，還會再來上海」、「一定喔」如此約定。其實我也不知道這約定能否實現。

我搭乘的「長崎丸」於早上抵達長崎。下了船，走在棧橋上的我突然被橫木絆倒，撞到膝蓋。瞬間，心中有股不祥預感，總覺得留在東京的她肯定出了什麼事。這不是想像力，也不是睿智，而是有如動物嗅覺般的本能。身體像被四分五裂的我帶著孩子，坐在從長崎開往東京的搖晃慢車上。抵達笹塚已是晚上，沒瞧見她的身影，燈也沒開，我掏出鑰匙開門進屋，瞥見桌上堆疊著從我兩個月前出發時就扔在桌上的報紙，約莫有十天的份量，看來她從十天前就沒回家。想說她可能是因為寂寞難耐而投宿親戚家，但好歹也會留封信之類的吧。我更加確定她八成另結新歡。

沒留什麼錢給她，又丟下她一個人顧家長達一個月，的確是我的疏失。況且我和她之間有著若是彼此都有新歡的話，沒必要再這麼執著婚姻生活的協議，所以要是她真的另結新歡，我也只有放手一途；但假設與實際情況畢竟不同，因為多了一個思念母親的孩子，所以我得想辦法讓年幼孩子和母親相會。不知如何是好的我，內心宛如反胃般湧起一股對於那男的羨慕與憤怒。看著我那散亂在地的浴衣，看來那男的來過這裡，而且脫掉浴衣就隨手一扔，頓時覺得自己的臉像被別人踹了一腳般可悲，淚水在眼眶打轉。一想到已跟隨別人的她冷眼瞅著狼狽不堪的我，就覺得自己明明才三十歲，一顆心卻像五十歲般蒼老。心想她十之八九跟別人跑了，卻還留著兩三分對她的信賴，盼著妻子也許會回來。哄孩子入睡後，跑去門口等待。見過江南之春後回到東京，位於城市近郊這一帶明明已是五月天，空氣卻很混濁，四周有如墳場般靜謐，眾人皆入夢鄉。我走到車站的平交道附近，試著把耳朵貼在鐵軌上聽著，沒聽到半點車輛行駛聲，看來無論是上行還是下行的末班車都過了。

隔天一早，我把孩子暫時托給住在大久保的妹妹照顧，順便打探妻子行蹤。妹妹和妹婿從西之宮搬回東京，妹妹還沒有自己的孩子，所以對於我那尚健在的老母親來說，小乾是長孫。他們都很歡迎孩子到來。我也順利打探到妻子行蹤，知道她住在一位無政府主義者的學生那裡，那個學生和草野心平熟識。於是，我和草野會面，請他帶我去找他們。

從池袋沿著低地走到一處叫作長崎村的地方，那一帶約莫十年前還是一望無垠的稻浪，看來是震災後的新建地。一整排像是工廠的簡陋石板屋頂房子，斑駁的臨時搭建屋舍前方有條乾涸的水溝。站在我和好友之間的草野顯得有些不知所措，儘管他和青年更熟識卻不偏袒，足見他的好人品。我們走到可以瞧見二樓他們住的地方時，「等一下。」草野撂下這句話便跑掉了。莫非他打算擺我一道？雖然不知是否勸說成功，但暫且也只能等了。我在水溝旁跺步，對我的人生來說，這裡還真是一處不可思議的空間。我不知道自己為何來這種地方，身處彷彿會引發耳鳴的遙遠地方，四周杳無人蹤，有如死亡般靜謐。突然發現自己有尿意，不曉得是從何時開始，居然連這種事都沒察覺。想說找個地方解放一下，這才發現我穿的是去上海旅行時，後背有點緊的燕尾服，所以不太適合做這種事，猶豫不已的我這才察覺尿急這件事還真是一種折磨。

我居然心生怯意，有點想打退堂鼓，但心中的抑鬱讓我打消這念頭。彷彿窺伺到我內心的怯弱，她獨自一邊轉著靠在肩上的陽傘，走向我。我和她並肩同行時，「不必跑一趟啊！我想說這幾天就要回去了。孩子還好吧？」她刻意無視我緊繃的心情，這麼說。「我帶孩子過來了。因為他很想妳。妳有什麼打算？現在跟著的這男人比較好嗎？還是回家？我希望妳回家，但妳要是不願意也沒辦法。」「你都帶孩子來了。我能不回去嗎？你太狡猾了。」

於是，我在樓下三疊榻榻米大，用腰障子[36]隔起來的起居室等待。只見她提著小包袱，身後跟著身穿學生制服的新歡一起下樓。前髮覆額，臉色很難看，雙眼皮，下顎有點寬的英俊青年似乎對我頗有敵意，睜著三白眼瞅著我，也不太搭理明明很不自在，還佯裝若無其事的我。四人就這樣氣氛尷尬地走到池袋車站，還在我的提議之下，途中去一間簡陋的咖啡廳喝茶。然後倆倆各自離去。

36 下方裝上板子的拉門。

百花送迎

我家又陷入做了虧心事，不得不趁夜逃離的窘境；但希望這次至少是白天搬離，所以找了佐佐木茂索的二哥忠一商量，他和父親在矢來町經營古董生意。我希望至少要留下若沖的一對畫作，廣重的尺五絹本極彩的畫軸「堀切的菖蒲與羽織藝者的立姿」等，除了火盆、桌子之類的生活必需品之外，其他像是小衣櫃、碗盤之類的日用品則是悉數賣掉，待新住所決定後，東西再逐一運至就行了。忠一把家當依序搬至手推車上，我們一家三口就這樣兩手空空的離開。然後裝作旁人看來，像是一家在散步的悠閒模樣，一邊吹口哨，緩步走在五月蔚藍晴空下，草深及腰的水溝路旁。家庭這東西就這樣暫且瓦解，也不能說是因為沒經驗，所以失敗。反正我本來就仇視家裡的繁文縟節，妻子也有共識，所以就這一點來說，兩人可說是性格迥異卻挺般配的夫妻。我家不會有親戚造訪，也不受陳年家規的束縛，所以家裡的不愉快並非來自這些外在因素。身為丈夫與妻子的我們之間嫌隙愈來愈深，對彼此失去耐心；無論是我還是她都因為這種事而厭煩這種關係，卻還是用人們稱為愛情的虛假眷戀蒙蔽現況。明知義無反顧的投身也是一種疲勞重擔，無奈年輕氣盛聽不進勸，和她在一起時，「你不是個能安於家庭生活的人啦！」對於朋友的忠告充耳不聞，直到現在才深有所感。原來如此，雖然單身生活頗寂寞，卻很懷念那種淡然處之，沒有太多人情包袱的生活方式。我不但沒給她足夠的生活費，還拋下她，獨自去上海喘口氣，加上龐大生活壓力而不斷聚積的怨氣迫使無法忍受獨自看家的她另結新歡，無奈別無選擇的我們似乎也只能走回頭路，重新開始。

牽著孩子的手，一家三口就這樣逃出中野雜色町的家，不管怎麼樣還是得找到落腳處才行。幸好天氣不錯，懷著總算解放似的閒適心情走在東京街頭，一會兒去咖啡廳歇腳，一會兒進戲院看電影，不知不覺來到之前住的牛込一帶。走過盡是二手書店的早稻田鶴卷町的後巷，冷不防瞥見屋簷前傾的二樓人家垂掛寫著「有空房出租」的厚紙板，還有蒲燒鰻魚的店招。

「這裡用餐也方便，好像不錯。」我提議，她沒意見，一家三口迅速入內和一位老人與看起來應該是媳婦的老闆娘交涉。兩人一臉驚訝地看著我們，倒是爽快答應。於是，老闆娘帶我們登上發出嘎吱聲的樓梯上到二樓的房間。面對街道，天花板低矮，約莫八疊榻榻米大的房間。反正不想再找了，遂決定租下這房間，身上帶著賣掉雜色町的家當後拿到的錢，先付了兩個月的房租。矢來離這裡不遠，我出門去找茂索的兄長忠一，請他運來火盆、桌子等少許日用品。想說留個名字，方便東西運來時收件，沒想到鰻魚屋的爺爺和老闆娘看到，放聲大笑地說：「原來是日本人啊！我還以為是說的一口流利日語的南京人呢！」早稻田有很多中國留學生，而且多是公費留學生，所以付錢很乾脆，這才明白他們為何爽快答應租給我們。也難怪他們誤會，因為三千代穿著我從上海買回來送她的杭州綢緞旗袍，而我穿的是立領衫。這件旗袍掛在五馬路的一間店，我殺價到六元買下來。枯葉的顏色，發著金光的綢緞料，其實是戲子穿的復古衣裳。果然習慣只用對自己有利的觀點解釋事物的我，對於她因為生活轉變而出軌一事始終耿耿於懷。其實我本來就覺得這不是一下子就能解決的事，所以勉強自己擺出一副隨妳想怎樣就怎樣的態度。反正她待在我身邊總是一副不知要做什麼的無趣樣，我本來想給她台階下，告知她隨她怎樣都行，就走吧。但那時的她一副不受人指使的態度，還是忍耐著待在我身邊。

遷居鰻魚屋之後，我的生活竟然變得異樣熱鬧，可能是因為地點不錯吧。

就連從來沒造訪過的傢伙也幾乎每天三、四人來我家聚會。只要從樓梯上方探頭，朝樓下喊一聲：「三份鰻魚丼」、「四份天婦羅」就行了。老爺爺原本是在元兜町附近開店，因為震災才搬來這裡。他對自己的廚藝很有自信，可說是成程、鶴卷町一帶出了名的美味，就連赤城元町的獨樂鼠女兒也來吃過。來我家聚會的除了新進的詩人文士，還有說書先生、演歌師、演唱歌澤[1]的老朋友，以及他的歌澤夥伴，像是神樂坂的藝人，還有小學好友，名叫榎本的鷹架工人。兒子小乾深受大家疼愛。明明一個月的房租是八圓，但託我們的福，光是叫餐就高達四十、五十圓，所以對於房東來說，我們實在是好租客。因為整棟屋子朝街道方向傾斜，所以獨自躺在榻榻米上，整個人就會滾向窗邊。日子一天天過去，就這樣過了五月、六月。我和背著孩子的井上康文[2]走在街上，同行的還有岡本潤，正是開始享受炸青蛙腿的時節。岡本是無政府主義者，三千代的學生情人也是無政府主義者，但相較於岡本的個人主義的無政府主義者，她的情人較為接近所謂

1 用三味線伴奏的小曲。

2 一八九七—一九七三年，積極推廣詩與電影的詩人。

的革命工會主義者，所以不太一樣。不難想像對於就快三十歲的她來說，與小情人的這段戀情不知能維持多久，也就更為這段戀情增溫。我猜對她來說，能夠從他們那些年輕人的話題接觸到當時的新時代前衛思想，像是巴枯寧[3]、克魯包特金[4]等思想家主張的論點，著實是一大魅力。無政府主義者鬥士散發出來的強烈體臭與叛逆性情就是一種刺激吧。反正我的策略就是一直拖到孩子與生活放在秤上，不得不擇一的時候。

想想就他們的年紀，也就是昭和三年（一九二八年）那時代，周遭人會如何看待他們這段戀情。當然是僅限一無是處如我的周遭而已，但再怎麼樣也算是這時代的縮影，混雜各種相反意見與各種解釋，而這些都是根源於明治、大正時代的種種觀念。從前年開始的大恐慌引發社會不安，人心明顯被激進言行誘惑；有些人實在看不下去，暗地裡嘲諷我遲遲沒把這件事訴諸法律途徑的優柔寡斷態度，而這些人有些和我一樣也是靠文筆營生。一旦起訴，男女都會被判幾年的刑，雖然提告者至少在人前抬得起頭來，但說穿了，這麼一來很少有夫婦能再破鏡重圓。不難想像他們認為屬於舊時代之人的我肯定出此手段，也就更不想放棄這段戀情。

對我來說，他們的敵視是一大失誤，也是一種難堪。我在形塑自我的青年時期，想成為的不是汲取不少大正時代的自由思想，就明治時代的人看來，就是個軟弱、沒氣概的人，而是不會以善惡論斷，凡事存疑，還算是個有良心、良知的人。這樣的我也不同於昭和戰後時代的人們，內心還是留著嫌惡法理之事，也就是絕不遵循常規的文人脾性。再者，我骨子裡就是個不服輸、虛榮、反覆無常、規矩一堆、有著許多古怪習性的人，卻又喜歡揣測別人的心，和別人唱反調，從中得到快感。面對她出軌一事，雖然基於嫉妒之類令人羞恥的因素，我選擇自行解決，不打算提告；但這件事也促使我心浮氣躁到向別人宣洩心中苦悶，甚至說給不怎麼熟稔的人聽。「我說你啊，還是不要隨便跟別人講這種事啦！」有朋友這麼提醒我，也有人試圖安慰我，「我沒想怎樣啊！只是無法忍受對方敵視我。」我的這番話讓對方無言以對。事實上，出軌一事多少抬高了她的身價，因為被別人愛著、珍惜著，就是身為女人的一種價值。總之，就是這麼回事。如果估價者是個值得信

3 一八一四—一八七六年，俄國思想家、革命家，也是無政府主義者。

4 一八四二—一九二一年，俄國革命家，地理學家，無政府主義者的代表人物之一。

賴的人，價值更高。更令我無奈的是對方在她眼中，就是個閃閃發光的存在，所以她的心和身體早已去到一個我伸手不及的地方。

想說她起碼會在家待個兩天，沒想到跑去小情人那裡，整整三天都沒回來，後來總算回來的她發燒。一顆心早就在情人那裡的她嫌髒似的拒絕我碰觸，但我越是被拒絕，越想碰她。趁妻子昏昏沉沉之際，摸了一下她的大腿內側，熱得像火燒。請來醫師診斷後，醫師要我趕緊叫車送她去大久保的傳染病隔離醫院，原來她罹患猩紅熱。因為怕傳染給孩子，所以隔天我帶著小乾前往長崎。岳父聽了我大略說明後，同意幫忙照顧孩子。果然和孩子道別，獨自回京是件令人悲傷的事。我迄今還記得豪雨過後，中國地方的田地水窪映著電線杆的蒼涼景象。我的企圖、我做的事非但不是出於積極的根底，還全是起因於內心欠缺了什麼；對我來說，就算跟著高喊被當時人們視為棘手問題的人權正義、階級仇恨等議題的口號，也只是圖個一時痛快，所以總覺得這種事與我無緣。畢竟一再犯錯，生存的意義就是做些愚蠢之事的我所面臨的事，才是一大問題，才是該認真看待的事，哪怕只是枝微末節的事也想弄清楚，那些只有自己才知道的惡疾患部，只有自己才知道的沼澤地帶。戀愛的定義、形上學對我來說，只是積木堆成的家，一旦有如森林大火、吞噬村落的岩漿般的情慾橫流，映在眼裡的只有絕望一途。身處其中隨波逐流的我、她和她的情人只能一直纏鬥下去。

我每天去大久保的傳染病隔離醫院探望她一次。因為醫院的伙食難吃，所以帶些壽司、洋食便當、房東做的鰻魚飯給她。危險期已過，皮膚開始剝落，因為剝落的皮膚是傳染媒介，所以出入病房的消毒規定很嚴格，必須穿戴妥當防護衣才能進病房。住院四十五天之後，終於可以出院。我帶著幾近康復的她上到醫院頂樓，她靠著我的胸膛。新宿鬧區的雜亂大樓群和廣告氣球沐浴在突然有如夏天般炎熱的強烈陽光下，因為沒旁人在場，眺望遠處的我初次問她的心境如何。不同於我，不善說謊的她終究還是向我坦承。她一直和他有聯繫，那男的也會來醫院看她，只是刻意岔開時間，不讓我們打照面。「這場戀情要持續到什麼時候？」我問。「過些時候就會結束。」似乎除了這答案，沒別的。但實在無法等下去的我那時想到一個方法，那就是一直沒成行的出國一事。藉由兩、三年的旅行讓他們的戀情降溫，不但是考驗她對這段感情的試金石，也能促使這件讓我沒面子的事隨時間淡去，我力勸她接受這招起死回生的一著棋，雖然懷疑我為何出此提議，但她也只有接受一途。於是，我們決定九月初出發，她還提出直到出發前不能限制她行動的條件，因為他們計畫七月底到八月出遊茨城的高萩一帶。「我們協議好這趟旅行結束後就分手。」她說。要是任一方未履行承諾，就表示不想重啟新生活，我們的關係也就到此結束，彼此都能自由做自己想做的事。反正不管怎麼樣，我戴綠帽的哀嘆應該能就此結束。

待出院的她去海邊玩之後，我得趕緊設法籌措旅費才行，無奈眼看九月迫近，旅費還是沒什麼著落，只能每天慌張度日。天性懦弱的我實在不適合卯足全力做一件事，就這樣一邊焦慮期限將至，一邊又呼朋引伴地玩樂，結果連身上僅剩的錢都快用盡。終於只剩下不到十天，才開始緊張不已。

就在這時，吉川延枝（匿名）出現了。她和三千代同鄉，家裡開傘店。身穿綴著像是瀨戶燒的花色，很像用蕾絲窗簾拼接縫製而成的洋裝，姿態優雅地端坐在鰻魚屋二樓的花茣蓙草席上，明明是炎熱盛夏，卻沒流半滴汗。三千代前往高萩之前，她造訪過一次，三人邊聊邊散步，那時她挾在鬧彆扭的我們之間，還說她願意接收我。因此之故，很好奇她這次為何造訪，但不巧又有來客，耐不住的她遂告辭離去。我按照她留下的地址，前往她在本鄉大道的下榻處。那天，來自大阪的正岡容[5]恰巧在淺草的東京俱樂部登台漫談，我答應要去觀賞，延枝小姐說她有興趣便帶她同行。我們抵達淺草時已近日暮時分，兩人坐在瓢簞池中島的人工岩山上，眺望映在水面上像是皺皺的千代紙般無數民家燈火。不明白這樣的女子為何突然出現在我面前，更想不透她來找我的企圖。也不能說我沒想過拋下和出軌之妻那剪不斷，理還亂的關係，乾脆和她比翼雙飛吧。也試著想像和她墜入情網一事，但相較於妻子的出軌戀情，我的顯然寒酸多了。不是她不夠體面，而是我的動機實在狼狽，搞不好看在別人眼裡，我只是想抓住一塊浮板，所以隨便什麼樣的女人都行，畢竟這是再普通不過的男女情事。我看向她，和她聊起最近蔚為話題的柯倫泰[6]女士以兩性議題為題的小說《紅色戀情》。她那被我碰觸

5 一九〇四—一九五八年，作家、落語、寄席研究家。

6 Alexandra Kollontai，一八七二—一九五二年，俄國共產主義革命家，曾擔任蘇聯駐挪威的大使，是世上第一位女性駐外大使。

的手有如缸魚般顫抖，回道：「我沒想過這麼沉重的事。」看來她是那種有話直說的女人。我們旁邊來了個行腳僧，不停翻找袋子裡的東西。我們坐在客人多是鄉巴佬的店裡，我吃著冰西瓜，她不介意地吃著我啃過的西瓜。我告訴她，因為自己曾住在山間小屋將近十年，所以感覺得出來這般氛圍，以及這一帶看似不起眼的店不少都是新門、甲州屋等知名戲子的親族經營的鋪子，還有一些雞毛蒜皮、現學現賣的新知識；對女人來說，男人這麼做究竟能展現多少魅力呢？我不由得聯想妻子看待她的小情人或許也是如此。我們算準時間，走進東京俱樂部，遇到好幾個熟面孔。正岡身穿綴著氣球圖案的黃綠色皺綢短外褂，宛如往昔的電影解說員，隨著陣容不小的樂隊登台。老實說，他的漫談功力實在不怎麼樣，但她倒是聽得頗開心滿足。

演出結束後，我們和結束演出的正岡、井東憲[7]、井上康之相偕去吉原吃關東煮。那時因為井東的提議，還談及乾脆在大阪的朝日講堂辦一場金子夫婦旅歐紀念文藝大演講。只在東京待兩天就要回大阪的正岡還得先去某個地方，九月十五日和井東會合，做些事前準備，預定九月底舉行演講之類，甚至還討論到這地步。延枝小姐也興奮地聽著，還說她一定會參加。愛空想的正岡與愛說大話的井東可說一拍即合，不曉得這話題會膨脹到什麼程度，何時會脹破；不過，井東的提議倒是挺有說服力。他之所以想去大阪，不曉得是不是因為他在宗右衛門町有個熟識的藝妓，想去找她。我自己也有兩次別人幫我辦的餞別會要參加（會場分別在山水樓、新宿的白十字），還有人要送我餞別禮，這下子管他是不是去法國巴黎，我已陷入怎麼樣都得設法離開東京三個月、半年才行的窘境，而且根據井東的計算，我至少得準備兩、三百的旅費才行。眼前總算出現一道曙光。倘若能籌措到一半金額，至少能去趟上海和宇留河ＰＡＮ先生見面，其實我對歐洲沒那麼感興趣。深夜返家一瞧，有客人來訪。我們聊到凌晨三點，陪他走到青山才回家。我去住家附近的印刷店打印了五十張印上「我們即將歐遊」與兩人名字的明信片。宮島還送我一把他父親當刑警時沒收的櫻樹皮手杖（內藏小刀），說是當作護身用的餞別禮，還真是符合他那老派作風的貼心禮。因為刀子生鏽，我拿

7 一八九五—一九四五年，小說家、評論家。

去刀屋請師傅磨一磨，因為這東西是違法的改裝品，磨刀師傅拒絕這門生意。岡本潤來找我，我送他一幅春畫，還有這把吵架時可以拿來護身用的手杖。岡本甚是歡喜，包妥後帶回去。

就在我祈禱三千代能依約於九月一日回來，心情複雜的有如沉重行李，坐立難安時，延枝小姐於下午兩點翩然到來。她興奮地坐在我身旁的模樣頗有魅力，只見她擅自翻開擱在桌上有點蒙塵的護照，說想把三千代的照片換成她的照片。因為她戴著草帽，「要這樣戴才對。」這麼說的我幫她喬正帽子時，她閉上眼。我輕輕碰觸她的唇，想抱她時，樓梯吱嘎作響，原來是井上康文來訪。命運就這麼意外地轉了個彎。吉田一穗[8]也同行，於是四人相偕去銀座。我們在千疋屋用餐，剛好有個女詩人的詩會，於是我把延枝暫時托給生田花世[9]女士看顧，我們三個男人走在銀座街頭；和友人道別後，一想到要去接延枝就覺得心情沉重，因為我知道帶她回鰻魚店的結果會如何，一旦撫遍她的肌膚就會湧起情慾，勢必會有意想不到的懊悔等著我。我獨自坐在咖啡廳聆賞唱片直到三更半夜，坐在開往鶴卷町的搖晃電車上，深為自己的優柔寡斷、浮躁不定的性情氣惱；雖然後悔沒帶延枝回家，卻也盤算著反正還有機會。登上鰻魚屋的二樓一瞧，沒想到三千代竟然依約返家。「我按照約定和他分手，回來了。」聽到她斬釘截鐵的承諾，一直在等待答案的我頓時有些崩潰，原以為自己早有心理準備，其實不然；如果可以的話，真不想遠行。

「其實我很感謝妳這次的移情別戀。要是沒有發生這件事，我可能就只想糊塗過日子，無法振作了。」

「你是在挖苦我嗎？」

「不，我是說真的。我覺得妳打退堂鼓是在鬧彆扭。」

我的一句反諷促使形勢逆轉，面對她的英雄式犧牲打，我只有謙卑的份兒。其實我們也沒做什麼遠行的準備，迫不及待想早點出發的她之所以能夠如此果斷，是因為出身嚴謹家教的她本性使然，反觀我行我素慣了的我要是沒有相當的動力，就會一直磨磨蹭蹭。才剛籌措到的五十圓付了房租後，剩不到十圓。隔天傍晚，

8 一八九八—一九七三年，童話作家、評論家、詩人。

9 一八八八—一九七〇年，作家、詩人。

寄出通知我們要遠行的明信片，兩人提著各自的行李箱離開住居，前往車站。因為不想要別人為我們送行，所以離開得低調又倉促。因為買不起東京到大阪的車票，只好先買兩張到名古屋的車票，沒想到準備發車時，有個年輕女孩從車窗外遞了十圓稿酬給三千代，原來在長谷川時雨[10]女士辦的文藝雜誌《女人藝術》那裡工作的她去了一趟鰻魚屋，發現我們已經出發了，趕緊跑來車站找我們。她就這樣成了唯一偶然為我們送行的人。

我們於隔天早上抵達名古屋，遇上《新愛知新聞》文化部的尾池記者，當場買下我寫的雜文，讓我賺到些許稿酬，那天順利抵達大阪，打算投宿日本橋附近的三國旅館，心想這間旅館的兒子也會寫詩，或許可以算我們便宜些，沒想到旅館兒子無法作主，一副左右為難樣。後來多虧正岡趕來伸出援手，靠他的好口才，幫我們敲定一間位於新戎橋下，不少藝人經常投宿的初勢旅館；雖說浪跡天涯的旅行順利進行，但目前還在從東京出發的一百三十公里路途中；說穿了，就是還逗留在可以輕易進退的範圍中。後來約莫三個月，也就是九月、十月與十一月，我們開始長期投宿在大阪的旅館。這間旅館常有藝人投宿個一、兩晚，像是說書先生昇龍齋貞丈[11]、金語樓[12]的師傅柳家三語樓[13]，還有大辻司郎[14]，盡是些有頭有臉的人物，後來就和他們熟稔起來。投宿此處的落語名家三語樓總是精神颯爽，筑前琵琶段子之類的演出甚是精彩。

從抵達的那天起，正岡每天都來擾人清夢，不是在我們這裡待上半天就是一整天。他介紹我們認識不少藝人朋友，還有大阪土生土長的文人畫家，像是川柳的岸本水府[15]、南畫[16]的須磨對水[17]、漫畫家吉岡島平、劇作家食滿南北[18]、辯

10 一八七九—一九四一年，劇作家、小說家，發行雜誌、報紙，也是女權運動者。
11 一八八九—一九三一年，第三代真龍齋貞水之子，之後襲名第四代昇龍齋貞丈。
12 一九〇一—一九七二年，喜劇演員、落語家。戰前是吉本興業旗下藝人，戰後自立門戶。
13 一八七五—一九三八年，落語家。本名山口慶二年，先是拜於柳家小門下，後來襲名三語樓。
14 一八九六—一九五二年，演員、辯士、漫談家。
15 一八九二—一九六五年，作家，也是番傘川柳社會長，日本文藝家協會會員。
16 源自中國的南宗畫，江戶中期以後的畫派。
17 一八六八—一九五五年，大正~昭和時代大阪畫界的代表畫家之一。
18 一八八〇—一九五七年，作家，也是歌舞伎作家。

士里見義郎、松崎天民[19]主辦的雜誌《食道樂》的編輯部等，還和八幡筋的色紙短冊店「柳屋」（每年會在東京的百貨公司舉辦十二次的文人名家的色紙短冊展）老闆成了好友，讓我們離開東京來到大阪的生活過得多彩多姿。今天在道頓堀的魚舟大啖美食，明天安排去御靈的梅月，頻頻受人招待，口福不斷；而且被暱稱Jazz的正岡總是吹捧我有多好，結果大家都以為我這個在東京不成氣候的年輕詩人也算是文壇名人。

來聊聊我們是如何結識正岡吧。最初和正岡碰面是在長崎的岳父家。住在大阪的他和真杉靜枝[20]過從甚密，無奈這段情沒有維持多久，正岡傷心地踏上旅途。他在旅途中寫了《氣球遺失記》，被認為是和十一谷、橫光這些年輕作家齊名的新星，但他和這些鄉巴佬小說家屬性不合，所以講究美與新穎的他便與他們漸行漸遠。那時的他是個秀麗美少年，不像現在是個酒蟲、那麼長袖善舞，是個熱愛阿波里奈爾[21]、尚．考克多[22]的年輕人。他和富永太郎[23]等人一樣，是我的《金龜子》書迷之一。正岡聽聞我在長崎一事，便造訪位於十人町的岳父家。從此仰慕我的他視我為兄長，後來我帶著牧野去關西旅行時，曾去他落腳在大阪曾根崎附近的家。那時的他是第七代朝寢坊夢樂[24]，後來改名為三遊亭圓馬的弟子，不久前才因為圓馬的介紹，成了松島花街妓院老闆的贅婿。只見他跟在像一只有缺損薄茶碗的妻子身旁，用長火盆上的銅壺溫酒，攪拌盛著味噌湯的大鍋子，正準備用早膳。我們趁便用完早膳後，三人一起去附近的錢湯。那時，辻潤[25]借宿在任職於京都等持院攝影所的岡本潤住處，幻想自己是天狗的他從二樓一躍而下扭傷了腳，就這樣拖著受傷的腳去正岡家，說要借宿一晚。那時的落語世界有趣又新奇，讓正岡樂在其中。他是那種無法冷靜看待事物的人，一旦熱衷就會不顧一

19 一八七八—一九三四年，作家、新聞記者，著有《淪落之女》、《銀座》。
20 一九〇一—一九五五年，小說家，著有《抱著草鞋的女人》、《美麗的人》。
21 Guillaume Apollinaire，一八八〇—一九一八年，法國詩人、劇作家、藝術評論家，被認為是超現實主義的先驅之一。
22 Jean Maurice Eugène Clément Cocteau，一八八九—一九六三年，法國詩人、小說家、編劇與導演。代表作有《可怕的孩子們》、《一字馬》。
23 一九〇一—一九二五年，詩人、畫家、翻譯家。
24 落語家的襲名，現已失傳。
25 一八八四—一九四四年，翻譯家、思想家，日本達達主義的代表人物之一。

切投入，卻也有東京人慣有的毛病，很快就興趣缺缺。正岡和妻子育有一女，那時夫妻感情已淡，他吹噓自己和一名長相神似伏見直江[26]的藝人熱戀，所以幾乎不回家，多是住在便宜旅宿和那女人幽會。某天早上被趕出旅宿的他喝了些近來頗有名的伴手禮，一種像是紫色墨水，名為「電氣BRAN」的詭異液體，算準時間來我住的地方。他一走進來，隨即酒興上身，哼唱「大津繪」、「とっちりとん」之類的老曲子，一口接一口地喝著。因為喝得太猛，像是酒精中毒般指尖抖個不停，明明年紀輕輕卻一臉無神，面色漲紅。他的好哥兒們是里見義郎，人稱「大阪的夢聲[27]」的辯士。正岡本來就是正直卻沒自信的人，唯獨喝酒的時候情感起伏劇烈，往往遞出與朋友絕交的信之後，又馬上寫封收回決定的信。暱稱「Jazz」很愛熱鬧的他總是發出喀、喀、喀，像是咳嗽的奇特笑聲，所以一聽到笑聲就知道他來了。喜歡點燃神壇上的神明燈、喜歡貓，也相信超自然、雷獸妖怪、幽靈的他雖然不時帶給我們麻煩，頗令人傷神，卻有著讓人無法絕交的優點。面對暴力的他活像被蛇盯上的青蛙，有次我們經過心齋橋時，坐在欄杆上的不良少年向我們搭訕，只見臉色驟變的他趕緊躲我身旁，一臉畏怯，旋即拔腿開溜。賺錢的能耐也和其他文人不一樣，他和雜誌社、編輯的交情都很好。正岡也算是古道熱腸之人，為了助我籌措遊歐的旅費，還幫忙尋覓金主；對於正為了感情事焦頭爛額的他來說，我是個如同兄長般值得信賴的存在，無奈他那時的處境不太好，人脈不及以往的十分之一，能倚賴的只有柳屋老爹。

因為僅存的一線希望，也就是說要辦文藝演講會的井東憲沒任何回應，眼看九月就快過去了，遲遲未見他現身。除了正岡會來初勢旅館找我們之外，訪客始終沒斷過，所以光是招待吃喝的費用就很可觀，加上有些人還會留宿，熱鬧情形不同於鰻魚屋那時。一想到今後該如何時，就只能深深嘆氣，畢竟我無能為力，只能順其自然，以拖待變了。我佯裝大方地塞給旅館老闆、女服務員們一點小費，至於住宿費，只能賒帳了。提醒自己別再亂花錢。三千代在這時成了可靠的幫手，至少她的態度比我沉著，就連正岡都不相信我們近乎身無分文。她本來就很擅長打交道，無論面對什麼人都能從容應付，就是活得很有個性，不但能適應一直與

26 一八八四－一九四四年，日本女星，本名伏見直枝，初期藝名是藤間照子、霧島直子。

27 德川夢聲，一八九四－一九七一年，辯士、漫談家、作家，活躍於演藝圈，有日本綜藝祖師爺的稱號。

貧困相伴的生活，和小情人那些主張無政府主義的夥伴們也處得很好，也和落語、漫才的藝人相處甚歡；所以要是沒有她的話，我不可能踏上這般前後耗時七年，沒希望、前途未卜又不安定的旅程吧。

新戎橋、心齋橋並排架在掛著紅燈、藍燈的道頓堀上。我們投宿的地方算是鬧中取靜之地。相較於一本正經的東京，大阪有如一座市場，除了各種買賣交易興盛，享樂方面也比東京來得蓬勃。今日的舞廳前身是稱為「café」的地方，聚集了幾十位、百位舞小姐，構築出百花爭豔的機制。以「美人座」、「紅玉」為首，我們滯留大阪那時碰巧是舞廳鼎盛時期，二十三年後才進駐銀座。正岡容受聘為「美人座」的企畫顧問，傍晚一、兩個小時，他會待在那裡的辦公室喝幾杯，有時也會帶我和三千代同行，坐在固定位子，然後三人的腦子開始想些異想天開的計畫。身形白胖，模樣像是年輕相撲選手的經理竟然問我們夫妻倆要不要進宣傳部工作。「可惜他們準備遠行法國。」正岡還一臉惋惜地告訴我們這件事。樂團演奏「紅燈、藍燈」，身著長袖和服、腰帶束在胸部一帶，身形臃腫的胖女人們熱舞著。這裡也有像其他地方的咖啡廳一樣，有可以上鎖的小個間。我們投宿的旅館女服務員曾趁我落單時，突然把我撲倒在地，想和我做那檔事，也曾在樓梯口看到她們被客人強吻，不然就是我很晚的時候想去洗個澡，沒想到打開玻璃門就瞧見經理在幫裸身女子洗背，就算被別人撞見也不以為意。這處樂園對於鄉巴佬和偷兒來說是聖地，也常看到小商店老闆模樣的男人牽著妓女、娼婦的手，縱情玩樂的模樣，這就是所謂的大阪風情吧。大阪開了幾間漫才專門店，正是漫才剛剛興起，廣受歡迎之時，東京那邊除了海坊主與海老一的對口相聲之外，能夠坐上講壇演出的也只有錦枝與梅枝而已。砂川捨丸[28]與中村種春[29]，兩人的造型就像一個是成為小學校長的嬌小卓別林，另一個是從女老師變成身形臃腫的女播報員，以這般強烈對比逗笑觀眾。比較特別的是，正右衛門小正的父子漫才，風格瀟脫的則是花菱阿加子[30]與千歲家今男[31]，但他們的表演方式也是由太夫格[32]打小鼓，唱幾首小曲作為開場節目，表演時也

28 一八九〇—一九七一年，漫才師，有「漫才的古董」之稱。
29 一八九三—一九六三年之後，活躍於戰前的漫才師。
30 一八九七—一九七四年，本名藤木德郎。漫才師，演員，活躍於昭和時期的日本演藝界。
31 一八九七—一九七四年，漫才師，演員，活躍於昭和時期的日本演藝界。
32 地位比較高級的賣藝女。

會用大扇子啪啪地敲頭，模仿砂川捨次的關西浪曲家，還有藤川友春[33]、日吉川秋水[34]、廣澤駒藏[35]、中川伊勢吉等。花菱阿加子的「鴨綠江節」也很有個人風格。我們夫婦常在漫才屋打發時間，大阪的庶民風情、玩樂多少化解我們之間的尷尬。東京情人來信要她回去，收到信的那刻顯然慌了，畢竟這種不知何時才能出發的日子要是一再拖延下去，乾脆叫情人來關西算了。感覺她有這般心思。其實我也不只一次想發封電報給吉川延枝，叫她過來。

名叫瀨田彌太郎的詩人在大阪相當有權勢，他也參與室生犀星[36]辦的同人誌《感情》，也發表過詩作。他是新町一間菸管屋的獨子，似乎比我年長五、六歲。體態格外醒目的他頂著個大光頭，相貌威嚴，身形魁梧，披著斗篷，腳踩木屐，總是帶著兩、三個小伙子，昂首闊步在大阪街上。因為兒子不是做生意的料，所以母親再怎麼苦，一個女人家也只能設法撐起店。明明沒什麼才華卻想靠寫詩成名的彌太郎，和迷上壞女人，上當受騙的彌太郎，這兩種情形都很糟。三十好幾的彌太郎雖然對女人沒什麼興趣，本性卻很溫柔又多愁善感，看那種演出母子被迫分開的場面還會淚流滿面。我為了延枝，託彌太郎幫忙找落腳處，於是四處奔走尋覓的他找到一間每月租金兩圓的房間。我前去一瞧，發現還真是個奇妙的房間，不，與其說是房間，不如說是隔著小徑，貫穿兩戶人家的二樓通道，連一扇窗戶也沒有，而且走過那屋子的下方就來到河邊，還疑似看到和垃圾一起浮於水面的屍體。結果她的情人沒來，我也沒叫延枝過來，就這樣不了了之。母親身歿後，彌太郎並未繼承家業。就在我結束浪跡天涯的旅行，總算安居在牛込的余丁町時，已經半百的彌太郎依舊懷抱凌雲壯志，為了成為大詩人而來到東京，還帶著近千張戲曲原稿，也不再披著制服款的斗篷。他的朋友沒人看好他的莽撞行為，他在東京也沒什麼人可依靠；我雖然寄予同情，無奈那時的我也是泥菩薩過江，自身難保。實在看不下去他踩著一雙不合腳的木屐，於是我帶他去木屐店，買了一雙送他，這是我最後一次見到他。後來聽說寒冷冬夜，他睡在別人家的玄關，

33 一八七九—一九二七年，浪曲師，也是關西演藝協會會員。
34 一八八七—一九二五年，浪曲師，擅長創作滑稽類型的作品。
35 一八八九—一九三七年，浪曲師，以輕妙的表演風格聞名。
36 一八八九—一九六二年，詩人、小說家，作品曾奪得菊池寬賞等大獎。

連個寢具都沒有，只能用裝報紙的袋子權充被子，就這麼凍死了。也有一說是他回大阪不久便離世。毫無疑問，對於耿直的他來說，文學和詩就像騙子，把他騙得一場空；但相較於其他人的人生，也不能說他直到最後也不放棄夢想的人生愚蠢至極吧。

閒話休矣。都已過了一個多月，文藝大演講一事遲遲沒著落，我們只能繼續過著入不敷出的日子。住宿費就不用說了，光是每天的雜支就夠我傷神。正岡也因為和堀江女人交往所費不貲一事而失去信用，處於人生低谷。我在的時候還能代付酒錢，但住宿費可就無能為力了。正岡有時還會醉臥在我們住的地方一隅，酣睡到天明。

一心想要遠離文學與詩的我依舊寫作，卻始終提不起勁，總覺得用這方法賺不了什麼錢，反正寫的都不是能賺錢的東西，還不如寫些日常瑣事，或是去大阪近郊的煙花場所，把所見所聞寫下來還比較掙得了錢。正岡走到我身旁說：「要不要把這些寫出來呢？我來寫，然後以小光之名帶去給《朝日》的白石大人瞧瞧，也許能拿到些許稿酬。」於是我口述，他寫，不一會兒就寫了十五、六張稿子。

我帶著稿子去報社，和學藝部一位叫白石凡的人會面，把原稿遞給他過目，只見他迅速翻閱，苦笑地看著我說：「還真像正岡容的字呢！」白石大人還是收下原稿，付給我稿酬。在大阪廣播電台演講一事也是正岡幫忙敲定，講題是「日本浪曲史」。當天電台還派車來接我至上本町的電台，正岡也隨行。我們在車上喝著他帶來的酒，抵達電台時，心情大好。我大略講述浪花節的歷史與變革，「木村的曲調是這樣」「東家的曲調是那樣」「鼈甲齋類似這種曲調」，正岡在旁示範每一種聲調。我想說時間也差不多了。問道：「如何?就此打住吧。」正岡回道：「夠多了。夠多了。根本是附贈呀！」如此直截了當的回應讓聽眾頗為驚訝。我和正岡對分這筆酬勞，無奈三天就花光。在大阪結識的友人們可能覺得我們住的地方比較自在吧，頻頻順道來訪。只想暫時從日常瑣事解放的我和三千代沒心思細想今後的事，而是京都、宇治、黃檗，走訪各處，盡覽秋色。還有女客遠從三重縣，也就是三千代的故鄉來訪。

我們看起來像是不會起口角，感情很好的夫妻。來訪的女客中還有日本第一位女飛行員，被菊池寬盛讚是才女的北村兼子[37]。真杉靜枝一來，我才曉得正岡是想讓我瞧瞧他的初戀情人。正岡想向她搭話，無奈真杉就是女版的朱利安，在文壇已有名聲的她根本懶得理會正岡，只見正岡似乎怯縮地飽嘗屈辱與悲哀。正岡似乎為這事悲傷不已，後來串本曲調流行時，他還常哼著自己創作的歌詞：「夢之廣重，畢卡索的五月，為何妳都忘了呢？」不知意思為何的歌詞或許就是他在心底深處追憶想攫卻攫不住的真杉，那永遠無法實現的夢想吧。從十二月中旬過後開始，伏見直江那女人也像躲著他似的，與其漸行漸遠。某天，他一副心事重重地說想拜託我一件事，希望我當見證人，陪他回去一趟許久未歸的家，向妻子表明他已斬斷情緣。

37 一九〇三—一九三一年，新聞記者，也是女權運動者。

雲煙萬里

東京已沒了像這般黑暗的夜，但在大阪只要出了鬧區，就有著像是泥沼深處般的黑暗。架在縱橫水渠上的木橋，以及從低矮人家二樓的千本格子窗流洩出來的燈火，黯淡紅色紙門透出的光，遠比明治時期還要早的往昔陰暗就這樣持續著，彷彿把人心吸入沮喪不已的深沉中。或許是因為照明不夠亮的關係吧。正岡與元配的新居位於靠近北邊的曾根崎，也許是夜路昏暗吧。總覺得和數年前我與牧野順道造訪時不太一樣。當我站在入口的小門前，卻怎麼樣也尋不回早已模糊的記憶。我跟著正岡進屋，屋裡昏暗的像是沒人住，只有神壇上的燈火搖晃著。正岡的妻子下樓一看到他，雙方就開始爭吵，我聽不太懂他們那又快又激動的大阪腔。「因為小光希望我待在他身邊，而我只是比較好強……」怔在一旁的我不知如何循著正岡的話，排解他們的爭執，只覺得有種被晾在一旁的無奈感。

這是什麼因果關係啊？我絕非那麼親切的人，也不善於處理這種事，卻從十幾歲開始頻頻捲入朋友的感情事，不是幫忙牽線，就是居中協調。首先是千家尊福家的幸麿私奔一事，再來是幫忙解決慶應義塾同班同學柳瀨直哉，與武州熊谷宿的和紙專賣店千金的感情事。跑到熊谷說服女方的哥哥們，收身為次男的柳瀨為養子，甚至幫他在本鄉的大學正門前方開間新書店「麗文社」。明明是個怕麻煩的懶惰鬼，居然那麼多管閒事，自己都覺得不可思議。我本來就耳根子軟，只要對方強硬一點就拒絕不了，之所以能圓滿解決也是運氣好罷了。我還真是遇上不少這種事，十根手指都數不完，好比國木田虎雄和廣橋大納言的女兒交往時也是，也曾陪著福士幸次郎一起去中村武羅夫位於鵠沼的府上協商。我就這樣成了自大又自卑的貴族管家與自恃甚高的獨步夫人的居中協調者，儘管是別人的戀愛事，但一想到自己要是也遭遇這般情形，肯定無法忍受吧。大正是愛情萬歲時代，戀愛就像與神結緣，也近似尊王精神。我一方面認同自由戀愛精神，卻也嫌惡那種一談戀愛就旁若無人的傢伙；雖然我想過一次就好，也想飽嘗任性的戀愛滋味，想為愛違抗世間，無奈我面對愛情的態度總是拘謹，在意別人的目光。這樣的我真的很羨慕正岡、國木田這樣的人。

正岡與元配的紛爭以世人的道德觀來看，顯然女方居上風。儘管正岡似乎想來硬的，卻像重演一遍近松寫的世話物[1]，只是滲出殘酷的苦味罷了。看來正岡

1　近松門左衛門一生寫了超過百齣的淨琉璃，其中有二十四齣稱為世話物，其餘皆為時代物。世話物是以庶民百姓的情愛為題的作品，時代物則是以貴族為主角，背景設定於江戶時代之前，以歷史事件與人物為題材。

也成了大阪人。即使他是土生土長的東京人，我卻覺得他根本骨子裡就是大阪人，有著近松那種放蕩不羈，明明膽小卻蠻橫不講理的個性。起初和樓主女兒交往時，他很感謝、感激師傅圓馬的牽線，結果日久生厭，又移情別戀，便嫌棄元配是一大阻礙，視其為仇敵；雖然很同情妓院老闆女兒的遭遇，但這不是我能置喙的事，只能收起同情心。當我怔怔望著眼前一切時，正岡的元配這才察覺我也在場似的說：「金子先生。你跟來這裡做什麼呀？你坐在那裡到底在做什麼呀？」被火花波及，手足無措的我一時不知如何回應，過了半晌才回道：「不是有所謂大岡的三方一兩損[2]嗎？阿容就給那女的，我就替他當這裡的贅婿，養育他的女兒還有妳。我可以接受以馬換牛這方法。」還露出不似玩笑話的正經表情，結果中途插手的我也被戰火波及。

返家路上，正岡絮絮叨叨地感謝我今夜隨行，還要我陪他一晚。他帶我去大淀川的鐵橋下小攤子，請我吃一串兩錢的炸肉排。正岡吃肉串，喝燒酒。原來這味道不怎麼樣的肉串是狗肉，肉香吸引兩、三隻狗兒在我們腳邊打轉。我們投宿樂天地一間便宜旅館，兩人將就地在那睡一晚。一個晚上不斷有人進進出出，正岡照樣睡得鼾聲大作，就是患有鼻疾之人發出的鼾聲。鼾聲一停，只見他翻身像在對我說話似的夢囈。這小子不管醒時睡著都很吵鬧。「愛情的阻礙者，給我滾～」倒也不是脫口而出這樣的抱怨，但我瞅著他的睡臉，心想像他這般情史精彩的人生真令人羡慕。

不像我，自從得到她以來就深為情念所苦。身心飽受煎熬，卻又無法斷念，為了從別的男人手中奪回她，我假裝寬容，拿約束當擋箭牌，巧弄奸計，賣弄小聰明，結果就是失去她的心，只能說這就是愛她的執念。因此之故，我雖活著卻喪失自信，感覺是自己讓自己陷入進退維谷的窘境。我之所以不和她的情人正面對戰，除了因為我生性膽小，不想與人起糾紛之外，也是因為我不認為愛情有何特權，也不認為正義能適用於任何事。就像我自己熱戀時，也會有不知所措的時候，還得不時提醒自己要有殉情的決心，因為不幸如我，就是很難為什麼而沉醉

2　大岡政談（古典落語的哏），金太郎撿到吉五郎的錢包，結果物歸原主後，金太郎要求自己也得分一杯羹。於是兩人鬧到官府請大岡越前主持公道，大岡決定自己補上一兩，讓兩人各分二兩才擺平這糾紛。

的人；正因為如此，「無論沉醉於什麼，只要沉醉就好。」波特萊爾（Charles Pierre Baudelaire）[3]這句話深入我心，再也沒有比因為不會沉醉，所以不得不佯裝沉醉一事更空虛。要說什麼理論戳中年輕時的我，那就是推翻許多理論的馬克斯・施蒂納（Max Stirner）[4]。這兩、三年來，不只戀愛，像是讓年輕人熱血沸騰的革命激情，都從樂在其中逐漸傾向漠不關心，也不再像以往那麼專心精進詩與文學，只是在心裡眺望那片蔓延開來有如火燒草原的風景。我之所以對這樣的人生感到倦怠，有種徒勞感，絕非根源於那時；細思回想，似乎是與生俱來，從年少時代就如此，總覺得看不見未來，也沒什麼值得努力，其實這般心境並不特別，而是大正文化追隨者都有的偏執心態。在只是浪費時間的兩個多月大阪生活中，我不禁想著帶她去法國一事有何意義可言，也清楚明白自己無論是待在日本，去法國，還是南美洲或剛果，萬分苦惱的我還是見不著具體成果；正因為如此不確定，反而促使我想挑戰艱苦的遠行吧。倘若有什麼再自然不過的動機，也許我能輕易地把她拱手讓人吧。不同於我，或許她的愛坦然得自然又神聖，肯定不是那種在苦悶中打轉的戀情，也就極度輕蔑、憎惡、憤恨想分開她和情人的我。看在一個本該為愛奉獻犧牲的女人眼中，我是多麼沒價值，只因為難以割捨對於孩子的愛，只好聽從我的安排。我看著迷戀伏見直江，喝酒喝到盡顯疲態的正岡睡臉和他那孤獨身影，心想：「人，為何要戀愛呢？」

自覺留在大阪只是原地打轉的我接受柳屋老闆的建議，委請還是很關照我的前輩們揮毫，再由柳屋負責寄送揮毫用的色紙、短冊。約莫一週後，陸續收到北原白秋[5]、野口雨情[6]、佐藤春夫、野口米次郎等前輩寄來的色紙，甚至還有人附上半折[7]。柳屋老闆比我還雀躍，似乎有意禮聘我當店經理。正因為明白自己遭遇太多不合情理之事，加上有些事情無法割捨，所以一想到這般知遇之恩可能

3 一八二一—一八六七年，法國詩人，象徵派詩人的先驅，也是散文詩的鼻祖，代表作有詩集《惡之花》。

4 一八〇六—一八五六年，被視為虛無主義、存在主義、精神分析理論、後現代主義與個人無政府主義的先驅者。

5 一八八五—一九四二年，詩人、童謠作家、歌人。

6 一八八二—一九四五年，詩人、童謠作家、民謠作詞家。

7 用半張宣紙畫的畫。

錯過不再，更覺得落寞。當室生犀星幫忙安排，要我提供稿子給改造社的日本文學全集詩歌篇時，需錢孔急的我坦然道：「我沒想要出名，如果可以的話，給我錢，我倒是想推薦想出名的人。」結果這件事不了了之。畢竟從東京出發一事在即，我實在很需要三百日圓，於是柳屋老闆幫忙想到另一招賺錢方法，那就是若能拿到當時不管是誰拜託都不肯點頭，所以行情很高的谷崎潤一郎親筆書寫的色紙、短冊，然後一張短冊賣十五日圓；於是，他給了我二十張灑些金箔，看起來頗華麗的紅色短冊。

谷崎住在阪急的岡本這處地方，實在沒把握他會答應我的請託。造訪他在岡本的府邸時，谷崎正坐在空蕩蕩的客廳裡吃鬥雞，喝酒。一旁坐著挽起髮髻的年輕女子，忙著斟酒，料理鍋裡的食物。只見谷崎一口喝光杯子裡的酒，把杯子遞到我面前，讓不嗜酒的我有些不知所措。鍋子裡的鬥雞只用醬油調味，口味偏重。我支吾其詞地告知來意，他回了句：「不賣的話，我就寫。」雖然還是會拿來賣，但我們約定好半年內不出售，於是我把二十張短冊遞給他，拿來硯台，他當場就寫好二十張。我抱著二十張短冊，走過通往車站的平交道時，不勝酒意的我就這樣跌坐在鐵軌上。想到要是坐在這裡肯定會被火車輾過，於是用爬的爬離鐵軌。就這樣，總算回到大阪。我告訴柳屋老闆，谷崎開出的條件是半年後才能賣，沒想到天生有生意頭腦的老闆當月就在雜誌《柳屋》刊登廣告，弄得我沒臉見谷崎。我拿到三百日圓，加上之前販售各前輩揮毫的色紙金額，付清積欠三個月的旅館住宿費後還有剩餘，便先送妻子去長崎。

沒想到正岡搞出來的亂子愈來愈誇張，竟然鬧到自殺未遂。看來應該是堀江藝者受不了正岡的暴行，嚇得逃離他而引發吧。正岡和辯士里見義郎一起酒過好幾巡後，買了兩罐百錠裝的「Calmotin」（鎮靜劑）。他把兩百顆鎮靜劑倒灑在居酒屋的桌子上，然後像玩玻璃球似的堆疊著。喝得醉醺醺的里見一句：「想死的話，就死吧。」自己也抓起兩顆塞進嘴裡嚼碎。結果將近兩百顆的鎮靜劑隨著正岡反胃作嘔，在木賃宿的二樓吐個精光，也許想死卻死不了的正岡心底本能抗拒死亡吧。我在大阪逗留的最後幾天，井東憲總算現身。看來當時在宗右衛門町的大野屋二樓座席暢談的事並非空談，他真的很惦念文藝大演講會一事。井東聽聞正岡自殺未遂一事，撫著有點戽斗的下顎，一笑置之的說：「正岡這人啊，就是個蠢貨。你想想他在大阪住多久了。我沒聽過伏見直江這個人，我只知道堀江的藝者啊，就是盤商招待客戶時，花錢叫來作陪的女人囉。」

明明已近歲末，長崎的天空顏色卻無比沉穩，有如鯖魚背部般蔚藍。位於十人町的森宅就在綿延不絕的石階坡道半途上，從簷廊便能飽覽內灣風景，遠處有艘看起來彷彿靜止不動的汽船，一小時後才悠然移動十二尺。無論是黎明還是深夜，出航的船隻，入港的船隻總是響起無邊無際似的慵懶汽笛聲，應該是上海丸入港，長崎丸出航的長嘯吧。先抵達的妻兒與年輕小姨子們，一家人從五年前、十年前就在沒有淫靡誘惑的地方過著安穩生活。兒子小乾在曬東西的露台上和附近的朝鮮族女孩小亞玩辦家家酒，還拿著玩具刀在庭院裡揮來晃去。妻子覺得玩這種東西很危險，即將遠行的她更放心不下孩子。外公十分疼愛長孫，晚上從市街回來的他喝得醉醺醺，拎著在丸山花街入口的射飛鏢店射中的羊羹。咬了一口羊羹，裡頭竟滾出小彈丸。

位於日本島偏西的長崎，碼頭不似往昔那麼熱鬧，取而代之的是靜謐、寂寥，只有鼈甲色陽光在我們身後垂下沉甸甸的緞幕。緞幕另一頭，好比一切的阻礙、詩與文學，以及各種思想觀念、情愛之事，搞得我暈頭轉向的東京生活，以及瀨田彌太郎、正岡容這些麻煩小子們，就連那滯留好一段時日的大阪生活都化為遙遠的雲煙般遠去。前日、昨日的事彷彿十年前的往事，成了無法觸及的遙遠過往。《伯夷列傳》有句話：「神農、虞、夏，忽焉沒兮，我安適歸矣？于嗟徂兮，命之衰矣！」這般感慨對這時的我來說，與其說是哀傷，不如說伴隨著自由爽快，過往點滴湧上心頭。緞幕後頭我那一路走來的人生只是被推著往前走，沒有佇足之處，也沒有中場休息時間，就這樣被帶往意想不到的地方，不曉得危險何時來到的路中央。來到這片土地後的我總算尋回自己的本領，有時間一口氣回顧自己的半生。往事有如眼前的海浪，只是基於物理性均衡不停擴散的餘波蕩漾，人們只是適時依從，有時給事物賦予什麼意義，有時什麼也沒做罷了。不只我，不只他人，總括來說，過往的一切是那麼悽慘，反正人類這生物就只能相互傷害，相互殺伐，相互苟延殘喘下去。人們總是忘了自身的痛苦，還有被別人的痛苦弄得滿身是傷的疼痛，無論是忘卻的一方，還是被忘卻的一方，都能因為平等的歸零而得到救贖的思想對我來說，就像穿了許久的舊襯衫、舊褲裙。這般老生常談的虛無觀，不過是一種自我陶醉的溫存。尤其是年輕時崇尚的虛無主義，就像舞台上刻意炫技，矯揉造作的文藝腔。三十好幾的我雖已不再年輕，但是人類的幼稚、任性與自戀似乎隨著年歲漸增依舊附著在我身上。我把她和那男人交往的事視為好事，即使深為此事所苦，也不覺得自己是受害者。表面上是為了她著想，其實是為自己的利益著想；我從那男人身邊奪走她，促使他們所受的苦比我來得沉重、壓迫，所以就算那男的說我是卑鄙小人，我也無從辯駁。掙脫痛苦的事、討厭的事，為自己找些冠冕堂皇的藉口就是我努力想到的伎倆。如果我的卑怯也能如我所想，像個暴君般耍弄一切的話，那麼一切的一切，好比自尊心、面子，並非基於我還愛她，對她有所眷戀，而是別有所圖罷了。畢竟盡是一些要是能忘掉，只想忘掉的事。不愧是森幹三郎的女兒、伊勢的神童，面對約定信義一事，展現無比堅定的決心。現在的她聊起情人就是一副過往雲煙的口吻，也從未試圖隱藏對於這段戀情的心情。她那把自己對於情人和孩子的愛放在秤上，沉痛無比的表情令我深受打擊。相較於只想躲在暖陽下，不想動，也不想去哪裡的我，她就算心情沉重，也想按照約定完成這趟旅行。原來如此，除了出發之外，別無他途。如果計畫這趟旅行的我放棄，就是把她送到情人身邊，無奈明知這趟旅行勢在必行的我卻遲遲不付諸行動，一天拖過一天。

於是，我過著每天在長崎市街閒晃的日子。長崎的年輕夥伴們總是隨行，像是出島的高島貨船屋的兒子，也是畫家的町田曾幫東大醫科的病患部蠟製模型上色，還有思案橋畔榻榻米店的次男，詩人岡本巖。岡本和丸山花街的妓女互許終生，我曾受邀到她房間吃了一頓美味的水炊鍋[8]。後來岡本娶了她，現在繼承家業。同樣是花街之子的高比羅，一心夢想打撈兩百年前沉船的荷蘭貨船上滿載金幣的箱子，還雇了潛水夫下水探尋，現在卻被勒令停工。十人町的盡頭處，大波止車站一帶有近海航行的小汽船停泊處，附近有個南京町。中國人在長崎被叫作「阿茶」。小乾已經融入長崎當地生活，

8 搭配雞肉與蔬菜的火鍋。

阿茶，唷嘿。
拿著太鼓，咚。

還這麼哼唱。我和夥伴們不是約在擺著曬乾的海味、條蟲乾之類不曉得是什麼東西的雜貨店，就是約在店裡擺些不值錢東西的小碗烏龍麵店、豆沙包店碰面，也會躺臥在大德寺賣梅枝燒餅小店的露台上閒聊，或是去找四海樓的招牌藝妓碧玉姬。廚師俐落地翻攪大炒鍋，為了不讓大盤子裡的五目炒烏龍麵冷掉，用個臉盆罩住外送。玉姬美得有如王母娘娘，其他姊妹也是美若天仙。大波止車站附近的河裡盡是垃圾、狗屍、白鐵便器隨波逐流。長崎町的後山是枯草山，每逢正月都會舉行風箏大賽。揚起好幾疊榻榻米大的風箏，繩上繫著刀子，以切斷別人的風箏決勝負的比賽，不少有錢大爺都拿這來賭身家。晴朗春陽遍灑，即便到了十二月，躺在後山草地上還是曬得到暖陽，夥伴們帶我入山，隨意閒聊。他們不曉得我在東京時的流言蜚語，我也不想告訴他們。我們的話題圍繞著報紙記事和小說，像是以前有個叫做皮納德的法國商人，他愛上丸山的女人之後定居日本，就此客死異鄉；還有一旦知曉每年都會行旅各地的若山牧水[9]即將造訪長崎，大夥為了拿到他寫的色紙、短冊而齊聚高島家。牧水一般都是逗留個兩三天，每天喝一升酒，飛快書寫，再移動至另一處地方。從草山俯瞰的海灣更遠處是一片綠油油，岡本指著遠方說，高比羅就是在那一帶打撈沉船的金銀財寶。

高島和町田問我是否打算長住長崎，如有此意的話，他們有個計畫想和我商量，還說要幫我介紹女人。我敏感地反問他們是否察覺到什麼，才有此提議，「雖然金子先生已有家室，但納個妾也不錯。九州的女人可是很不一樣哦！」高島一副推薦名產似的勸進。在我聽來，意思就是生活在這樸實城市，納妾不是什麼壞事哦。我除了懷疑世間是否容許這種事，也詫異這片土地竟有這般對男人有利的奇特風俗，亦暗自同情不想離開妻子的自己。搞不好那些人覺得我的另一半毫無優點可言。我倒覺得她的優點是不會虛情假意，率直不掩飾自己內心的想法，就算想掩飾也很拙劣。他們肯定不知道她的優點，而面對他們，我也愈來愈沒自信

9 一八八五—一九二八年，戰前的歌人，崇尚自然主義文學，代表作有《離別》。

能保護妻子。果然除了啟程遠行一事之外，別無他途。「大家都說金子先生不是什麼普通的詩人、文人，一定在思考著什麼大事。」岡本謬讚我。我沒被這番話沖昏頭，只當耳邊風似地頷首回應，他八成誤會我這個人很大器吧。懶得解釋的我只是微笑以對。在沒被事先告知的情況下，我被安排在諏訪神社的茶屋與候補人選相親。對方是位挽著日本髮，粗眉，感覺頗認真規矩的女人。長得還算端正，膚色偏黑，感覺要是接吻的話，會有股黑砂糖味道；雖然身形纖瘦，卻不會給人弱不禁風感，但並非我喜歡的類型。儘管我的一門心思不在此，還是有禮的應對，對方對於我即將遠行一事沒什麼意見。

之所以毫無理由的滯留一段時間，是因為懶得四處移動，所以我非但沒有流浪癖，反而喜歡安定；但現在我必須起身離席，必須擺脫這種動彈不得的窘境。十人町的岳父一家人不時問我們何時出發，挾在中間的妻子早已扯謊到扯不下去了，甚是傷神。「捨不得離開日本嗎？」她問。不是的，我只是懶得移動罷了。岳父似乎是向西方人買了個豬皮製大行李箱送我。意興闌珊的我買了兩張上海丸的船票，但決定出發日期後，這下子換她捨不得離開孩子，只好趁孩子玩得入迷時悄悄離開。只有岳父、小姨子和高島來碼頭送行，傍晚時分啟航，經過一夜，隔天早上抵達上海。我們窩在三等船艙大通鋪一隅，她像病人似的蓋著披肩，蜷縮著入睡。我掀起披肩一瞧，發現她咬著袖子，嗚咽地不敢出聲。

我和長崎的朋友們就此別過，再無機會碰面。昭和二十年，被徵召到造船所的岡本和町田因為長崎原爆，悄無聲息地去了另一個世界，高島則是因病去世，現在講起那時的事就不勝唏噓。

天方破曉，瞧見海水變成黃濁水的驚詫感已提及過。站在甲板遠眺尤其令人感動，無奈我還沒立下創作目標。領事館警察走到我身旁，仔細盤查我的身分、去上海的目的之類。我無法充分應答，應該說其實我連自己是個什麼樣的人，來到這裡要做什麼都不清楚。「來觀光，是吧？你的身分還真是……」男子再次不悅地瞅了我一眼，「唷！」了一聲後就走掉了。十二月的揚子江上因為大陸冷高壓的關係，寒氣逼人。我一身西裝，外罩風衣，戴著一頂舊紳士帽。這套西裝是我一九一九年為了初次歐遊而訂製，曾一度送給林高的父親，所以改過尺寸，後背有點緊繃。我去池袋找她和她的情人時，也是穿著這套西裝。來到上海一陣子後，買了一套二手西裝，但風衣怎麼看都不夠保暖，所以畫家上野山清貢[10]索性脫下斜紋織外套送我。後來我在巴黎時，把這件剪裁好看的英國呢絨大衣披在一位日本老者肩上。

瞧見江水彼端那片灌木枯枝遍地的吳淞後，船身往右駛入支流黃浦江。舒爽季節經過這裡還能瞧見川柳發芽，菜花盛開，無奈現在正值大自然荒廢時期，觸目所及盡是乾涸土地、石子與裸露的樹根這般蕭瑟光景。將近早上九點，沉鈍陽光總算從雲間縫隙流洩，減速的船不再響著轟鳴引擎聲，像在警戒周遭似的在水面悄悄滑行。瞧見有艘三桅船揚著有如破涼蓆的船帆，不知是前行還是後退地漂浮江上。船尾有個背著小孩的中國女人蹲著，搧著小爐子，孩子們高舉雙手不知在叫喊什麼，他們是我最初遇見的中國人。船身塗紅漆的挖泥船，焦慮加速的小蒸汽船，以及庸庸碌碌的人們，眼前光景不斷變化，總算讓我意識到快抵上海了。她也步出船艙，倚靠欄杆，感慨萬千地眺望曾經造訪的地方。這片廣闊水景還真是獨一無二，參差不齊的陸地看起來就像小櫃子。太陽又不知躲哪兒去了。無論是上海，還是對岸的浦東都隱身在煙塵瀰漫的霧茫茫中。

這是沒有任何計畫，也不抱什麼希望，只想離開日本的我們來到外地的第一步。對於不計生死，懷揣不同於其他旅人心思而來到這裡的我們來說，上海打開了她那因為疥癬而結痂的豐滿胸脯。

「終於來了呢！」

走到我身旁的她像是啞嗓似的低聲說。聽起來有著責怪我竟然帶她來這種地方的意思。

「只能賭一把囉。」

我的這句話有著都已經來到這裡，看妳還能耍什麼花招的得意。這語氣連我自己都不禁打哆嗦。

衣著單薄，冷得發抖的她挽著我那顫抖不已的手臂。相較於溫柔的日本，這片陸地像岩石般冷峻，皮膚凍到指節都皺了。船停靠淮山碼頭，只見船身開始緩

10 一八八九—一九六〇年，曾任教名古屋藝術大學、名古屋大學。

緩靠岸。船上的乘客們站成一排，探身尋找岸邊揮手人群中的熟面孔。想說事先從長崎發電報通知宇留河，不知友人是否會來接風的我也尋覓他的身影，馬上就發現面色紅潤，伸長脖子張望的他。瞧見我們的他喊了一聲，無奈四周吵雜根本聽不到。宇留河豎起一根手指，問我是不是單獨來此。我趕緊豎起兩根手指告知攜伴同行，只見他一臉失望。因為他明白只要有女人介入，友情便無法穩固，我心情難受地理解他的心情。擔行李的苦力蜂擁聚集，興奮等待大船靠岸。

上海灘

那時（一九三〇年左右）像上海這般五光十色的港都，怕是古往今來世上都找不到這般地方吧。這片土地在兩千年前是吳楚之地，因為是楚國春申君的領地，所以這地方又名「申」；至於之所以稱「滬」，是因為這字是河中柵欄之意，揚子江的支流吳淞江匯流的繁華地，所以有此名吧。原本是遠離中原的窮鄉僻壤，因為揚子江的沉積作用而形成濕地。之所以成了繁華之都，是因為英國的殖民地主義想在中國東岸開闢侵略的根據地，尋覓最佳投錨地，所以這地方的發展不過百年時光。從那時起，這一帶就是戰火前線，幾次歸於瓦礫堆，反覆遭倭寇侵襲。如今上海已是由灰泥牆、紅磚與紅瓦屋頂構築出一片沒什麼趣味的城市，卻以風俗混雜、世界的各種污穢，匯聚眾生百態的無賴魅力而吸引眾人目光，有如不斷生成的紅色結痂。瘡痂的痛楚、鮮血，以及因為化膿而虛軟的石疊路，摻雜著煤屑、紅鏽，因為糞便和痰而弄得髒汙。在落日燒灼，大雨敲打下，映照活著是一件多麼艱辛、痛苦的事。這裡匯聚著許多不該做的可恥事，不是被追逼，就是被唾棄；若非如此，那就是有如親手把自己送往流放地，一心想逃離陽光普照之處的傢伙，只想隱身暗處，躲在忘了自己有多污穢的地方。我們，也就是被戴綠帽的狼狽男人與妻子之所以選擇這裡作為逃避一切的首站，並非毫無緣由。尤其對於丈夫來說，來這裡是為了淡化自己的可悲與哀傷，畢竟混雜在不服輸又悖德的人，以及成群無賴中，臉上塗滿泥巴的生活是再倔強不過的生存方式。倘若這段前往巴黎的前哨之旅是為了讓妻子遠離情人的誘餌，那麼直到忘卻一切，重新振作為止，我覺得身陷上海這片爛泥中也不壞。其實她十分嚮往未知的花都巴黎，所以願意以和情人分手作為交換條件，只是當時沒表現得那麼露骨。

長崎與上海之間的距離僅需一晝夜便可達，長崎丸與上海丸兩艘客船交替運輸，每日午後從長崎港啟航。我們搭乘的是長崎丸，行李只有一只豬皮製大行李箱與布製小行李箱。除了兩人的夏冬衣物與貼身衣物之類，沒帶什麼貴重之物，這就是我們的所有財產，其他的到了之後再設法張羅，所以僅帶些輕便物品隨行。我早已習慣這種生活，但她遺留在日本的眷戀多；即便不是如此，就算打定主意，遠行對女人來說還是很辛苦的事。趁著孩子入睡時離家，奔至長崎港，離開父親、弟妹們來送行的日本後，她那明明哀愁悲歎齊湧心頭，卻不願讓我瞧見淚水，身子不住顫抖又面色冷淡的倔強模樣對我來說，只是蹩腳的演技罷了。但力勸我開始這段長達五年的旅程，全盤信賴這麼靠不住的我也是她。

「從沒見過像妳這麼好相處的女人。」

我語帶戲謔的說，卻也想著這是幾十萬年以來，男女之間的一般相處之道。

往返上海的這兩艘客船宛如雙胞胎。就我之前搭過上海丸的經驗，從一般乘客待的下層榻榻米大船艙往架梯方向竄升的味道可真是有夠嗆鼻。也許這就是不折不扣的體臭吧。空氣中除了男女的汗水味、分泌物的味道之外，還混雜著金屬盆子裡的嘔吐物臭味，已經乾掉的油漆味，但與其說是惡臭，不如說是人類制止人類遊蕩的化學藥物，可怕到不似常人會有的邪惡氣味。因為已近歲末，寒氣逼人到無法登上甲板，所以船艙裡擠得沒半點縫隙，身子無法動彈，連個換氣設備也沒有，彼此的呼吸促使空氣污濁，瀕臨假死狀態，眾人倒躺各處。帶來的食物不到半夜就開始腐爛。出了玄海之後，船身晃得更厲害，聽船員們說不少人靠著行魚水之歡忘卻暈船之苦，甚至還有心術不正的水手侵犯暈船的女客。再者，當時靠這管道賣女人賺錢可不是什麼稀奇事。當我稍稍抬頭窺看四周時，感受到疑似這樣的動靜與氣息，神經不由得緊繃。這般前路未明的情況著實讓人疲憊不堪，腦子渾噩不已。挨在我身旁的她似乎做了惡夢，額頭頻冒汗珠。我摸了一下她的大腿內側，燙得如火燒，想起我們住在鰻魚屋二樓時，她染上猩紅熱一事。我趕緊搖醒她，只見她揉著惺忪睡眼，說了句：「人家正在作夢呢！」估摸著她肯定夢到男人而生氣的我試圖找證據時，只見她扭著身子躲開；雖說女人的拒絕對男人來說是一種誘惑，但眼下這場合，被撩撥的情慾輕易地與殘忍劃上等號，實在由不得我的心。

聚集在碼頭的不只有苦力，海關外頭擠著一群手上的長棍互撞，等待船客下船的黃包車苦力也令人不勝懷念。我們三人下船後坐上一輛黃包車，離開碼頭。灰濛陰霾天氣下的街道，分不清究竟是煙硝味還是腥臭，一種異常強烈到甚至可以改變一個人性格的上海生活味沁染我們體內，喚醒一個又一個回憶。上海的苦力們多是從寧波一帶來到這裡討生活的小老百姓，裡頭也有為了重振破敗家業，來城市賺錢的潦倒商人；年關將至，也有人扔了長棍，赤裸身上塗泥成了盜匪，或是加入青幫黨，涉足賭場之類幹些壞勾當，還有的是載了客，也不問明要去哪兒，一個勁兒地在烏雲天裡拉著車狂奔。他們就是削著自己的生命而活，即使天候嚴寒也是赤腳奔跑，任憑雨水沖刷長著膿包又髒兮兮的背脊。客人用鞋尖踢了踢車夫的禿頭，告知要去的地方。黃包車本是從日本傳來的東西，但這裡的車夫不像日本車夫那般好營生，就連賺二十個銅板都是難事。隨處都有苦力聚集吃飯的地方，靠著粗糙卻十分營養的燉煮牛內臟餵飽肚子。至少要四百多個銅板才能換一元。我待在上海那時，日圓可流通。黃包車車夫最在意的事，就是金錢與食物，性慾則是奢侈行為。上海的舊城外有專給苦力洩慾的下流玩意兒，一邊看一邊手淫是最佳處理方式；但在蔣介石的治理下，像是吸食鴉片、稀奇古怪的雜耍，還有身上皮膚逐漸剝落後，植上動物皮毛的熊男，或是出生不久就被塞進箱子，十年、十五年後長成小矮人的背部裝上翅膀，打扮成「蝙蝠」模樣娛樂大眾之類的不人道行為遭禁止。「蝠」音同「福」，很有喜慶味，對商人來說是討個好兆頭，也是相當受歡迎的雜耍。其他像是猥褻的表演、磨鏡（女女性愛場面），以及從窗戶孔洞窺看性交場面的節目等全被禁止。不難想像身處充滿欲望的世界，欲望卻被壓抑的苦力們是多麼危險的一群人，心中無法宣洩的情緒有多可怕，所以這些被粗魯、冷酷、慘遭不人道對待，活得不像個人的可憐人就是讓苦力們覺得自已至少沒那麼悲慘，藉以發洩怨憤不平，斷了邪念的存在。虧中國人想得出如此變態手法，還真是天才。

就連和我私交甚篤的文士郁達夫[1]這般博學多聞的知識份子，為了趕走纏功一流的苦力們，竟然張開雙腳，又踢又踹，像趕狗似的模樣令我驚詫。看來即便是通情達理的有識之士，一旦習慣當地的生活也會臉不紅，氣不喘地做著有違他平素形象的事，這在明治時代的日本人身上倒是挺常見。因為很多東方人都是這樣，所以說是東方人的半開化習性也不為過吧。

有個年輕女子跟著身為銀行員的丈夫遷居上海，還不習慣當地生活的她在虹口市場附近慘遭苦力們輪暴一事蔚為話題。結果，認為妻子不貞潔的丈夫狠心離婚，把她攆回日本。連被女人甩掉的滋味也無法一嘗的苦力們會幹出這種事一點也奇怪，還不適應當地生活的女子遭遇這種災厄也是不難想像。這般認為女人招蜂引蝶才會發生這種事，對於她們的心情不屑一顧的心態就像時代淨琉璃的主角，

1　一八九六—一九四五年，中國近代小說家、詩人。

總是做出殘酷又唐突的行為。正因為我們的血液裡流淌著沒有同情心、沒有同理心，如此非人的情感碎片，所以今後日本人也必須好好檢討這般遭逢意外時可能會迸出來的話語與行為。

中國人此時也正逢思想開始解放時期，等同於日本明治、大正倡行的民主主義，除了愈來愈多人認同新思想、人皆平等、戀愛自由等觀念，高呼共產革命的年輕時代也逐漸成為一股新興勢力。車夫與豪門千金相戀，打破世俗尊卑觀念的事件成了上海最被傳誦的事，每天都躍上報紙頭條。豪門千金名叫黃慧女，與她相戀的車夫叫陸根榮。從那之後約莫十幾年前，日本的維新功臣，後來成了政府要員的芳川顯正[2]，他的女兒愛上家裡聘雇的司機，苦戀的兩人決定臥軌殉情，結果男的當場慘死，女的毀容倖存。這起事件震驚世人，這對苦命情侶卻沒被視為自由戀愛的戰士，莫非崇尚自由戀愛的精神在日本早已過時？還是日本人與中國人的性格迥異？幾番思索後的結論就是江南人的好奇心旺盛，生性較為隨興。當時人們相當關心黃陸這對情侶的後續發展，甚至改編成舞台劇於「大世界」上演轟動一時，還拍成電影，引起廣大迴響。車夫這工作雖因此事受到世人矚目，背後卻有著許多遺憾、悲慘的故事。

我們三人出了日本人聚集的虹口、文路，來到北四川路，車子一直朝北邊急馳。來到位於內山完造先生經營的書店斜對面，一處稱為餘慶坊的小區入口。瞧見一排中國風的兩層樓灰泥牆長屋，入口處有雜貨店、燒水熱鍋賣東西的小店等。我們輪流拖著大行李箱走進巷弄，經過四、五間鐵門緊閉的民宅，瞧見一塊寫著「石丸里香」的門牌，那是幾年前我們來上海時租住二樓的老婆婆家。敲了兩下門環，傳來聲音高亢的「來唷～哪位啊？」錯不了，就是長崎腔。入口處是就算雨水沖刷也不會積水的土間，一進屋就是個大房間，要是中國人的話，就會用白棉布隔間，供三、四個家庭共居。後門口有個小房間，上二樓的樓梯旁擺著花卉圖案的紅漆糞桶。因為每天早上都得把糞桶搬到後門，讓挑水肥的人清理洗淨，所以那時家家戶戶的排水口都積著黃黃的尿液。二樓的隔間和樓下大同小異，我

2 一八四二—一九二〇年，政府官員、政治家，也是確立近代日本的銀行制度之人。

們旅居上海時，獨占這處寬敞的二樓房間。新婚的我們在有如光亮菜田，沒有任何家具的榻榻米房間裡，玩著看誰先從角落滾到另一面牆的遊戲。那時四月春天的上海開朗極了，拂面春風帶來陣陣花香，無奈現在光是站一會兒就覺得寒風刺骨。石丸婆婆解開門鎖，默默瞅了一會兒站在門外的我們，「這種天氣，你們是打哪兒來的啊？」

這麼說的她仰望雲層滿布的灰濛天空。個子頗高的婆婆面色漲紅，挺著肋骨快要迸出似的瘦削胸膛，一身黃色呢絨搭配黑色龍骨造型紐結的寬袍，踩著皮製拖鞋，氣喘吁吁地站著，依舊是我們熟悉的模樣。無論是多麼寒冷的冬日，她還是一件寬袍，下身穿著單薄，漲紅著臉，直嚷著好熱、好熱，所以有個「辣椒婆婆」的綽號。聽說有個在工部局[3]任職的瑞典人愛上曾在蘇州的日本旅館當女侍的她，兩人還結婚。看著現在骨瘦如柴的她，著實難以想像，「我年輕時可是個美人呢！」聽她這麼說，才發現五官深邃的她確實頗像西方老婆婆。西方女人有頭巾婆婆紅，還有雞婆紅的說法，臉總是像破皮般紅紅的石丸婆婆屬於雞婆紅，記得她說臉紅紅的是因為患有心臟病的關係。瑞典籍丈夫過世後，他在瑞典的親屬以外國人不能繼承遺產為由，百般刁難，幸虧丈夫的同事同情她的遭遇，協助她花了兩年時間總算取得約莫三分之一的遺產；雖然不曉得金額多少，但她在長崎時就結識的朋友知道她得到一筆讓自己衣食無虞的鉅款後，便花言巧語地說服、利誘她，結果婆婆手邊的錢就像被老鼠啃食似的愈來愈少。損友們擔心自己分得的好處變少，也就彼此勾心鬥角吧。某天，察覺自己處境不妙的辣椒婆婆板起臉，朝著窩在小房間裡用豬鹿蝶[4]賭錢的傢伙們吼道：「夠了！別賭了！都給我回去！就算你們再怎麼等，我也不會再上當受騙啦！要是不走，就別怪我用掃帚柄把你們一個個轟出去！」只見她拿來掃帚，「真是個瘋婆子！搞什麼呀！」不理會別人怎麼說，用掃帚攆走他們，把桌上的紙牌掃得一地都是。穿著髒兮兮的浴衣，踉蹌走在上海街頭的這群人被說是「上海的垃圾」，沒有固定工作的他們常聚在虹口一帶，成天做著發財夢，妄想好運從天而降，就是一群連幫賭徒跑腿的資格都沒有的傢伙。

3　一八五四—一九四五年，設置於上海租界，外國人管轄的行政機關。
4　源自日本古代傳統的紙牌遊戲，湊齊「豬鹿蝶」這三張就是這局的贏家。

「不巧二樓的大房間住滿了。一個月後才會空下來，所以在這之前委屈你們住在後面二樓的小房間。」

「住哪裡都行，反正住婆婆這裡就像在自己的家。」

聽到她的這般奉承話，心想還真是讓人強烈感受到自己正在旅行啊。我不由得想笑；雖然想當場隨著伴手禮奉上一個月的房租，但我們付了船費抵達上海後，兩個人的錢包只剩下五日圓與六十錢，更別說要靠這點錢往返巴黎了。況且直到下一筆錢有著落之前，還得暫時設法靠這五日圓溫飽，所以實在無法先付清房租。一想到必須和婆婆交涉這件事，就覺得自己和那些用紙牌賭錢的傢伙無異。

二樓的小房間相當昏暗潮濕，就算放了火盆，躲在寒冷牆角的蚊子還是會飛來在耳邊嗡嗚，叮咬我們的指甲。

我們躺在借來的寢具上正打算夢周公時，樓下傳來轟鳴巨響。心想究竟發生什麼事的我起身察看，聲音並未停歇。她一臉不安地站在我身後窺看樓下。只見辣椒婆婆站在門外，掛在門把上的爆竹不斷發出巨響。婆婆抬頭看向二樓，皮笑肉不笑地說：

「想說給你們接風，今晚期待一下囉！因為得到一隻雞，想說做頓好吃的加里飯（咖哩飯）。」

豬鹿蝶

我們落腳在餘慶坊的石丸里香家二樓小房間兩三天後，妻子突然不停顫抖，還發高燒，明顯是瘧疾的症狀。我在北四川路對面的內山書店提起妻子的情況，書店老闆娘趕緊帶著奎寧來我們住的地方。妻子一服下這藥，每天定時發作的症狀就沒了，這藥的效果令我瞠目。從灰泥牆滲出的陰濕與寒氣，沁入身體，冰寒刺骨。不忍我們受凍的石丸婆婆趕緊把雙人床讓給我們，自己睡榻榻米。

怕冷的我們窩在內山書店裡的聚會空間，坐在暖爐邊暖和身子。不時有各種人相聚在此，這裡簡直就是梁山泊聚會廳。隨著時代景況變遷，來此聚會的人也不太一樣，但大夥吳越同舟，無論是中國人還是日本人在這裡都能推心置腹地討論各種事，這裡成了一處心靈交流之所。書店老闆內山丸造是優秀的引導者，善於調解的高手，也是公道之人，亦是提供一處獨一無二、愉快交流之所的人。

「金子先生，看來你也吃了不少苦吧。其實我們夫婦在日本也遭遇過許多事，堪稱是可憐人的範本啊！被欺騙、被出賣，衰事不斷。我和內人甚至絕望到在二樓的租屋處商量乾脆一死百了。幸虧得到耶穌救助，我們才得以活到現在……」

身穿鼠灰色外套的書店老闆和穿著駝色外套的老闆娘看向彼此，向我訴說往事。為了掙脫過往生活，他們和四、五位好友一起來到中國，成了大學眼藥的銷售員，拿著旗子，遊走揚子江周遭的窮鄉僻壤兜售商品，聊著他們落腳上海之前的苦日子。每個人對於「辛苦」的定義都不一樣，所以怎樣才算辛苦呢？

在北四川路魏威里開了這間書店的內山先生致力於中日文化交流。因為當時的中國青年只能透過日文翻譯閱讀克魯泡特金（Pjotr Aljeksjejevich Kropotkin）[1]、馬克思（Karl Marx）[2]、恩格斯（Friedrich Engels）[3]等人的著作，所以思想類書籍炙手可熱，每天銷售額約八萬日圓，這在當時可是一筆莫大利潤，日進斗金的老闆也就成了少數在中國經商成功的代表人物。可想而知，像我們這種來給老闆添麻煩的同胞也不少，結果就是必須頷首聽著幸虧基督教，才能走到現在之類的佈道經驗談。

如前所述，身穿鼠灰色外套的內山先生時常在一夕四馬路的餐館設宴款待訪

1　一八四二—一九二一年，俄國革命家、地理學家，也是無政府主義提倡者。
2　一八一八—一八八三年，德國哲學家、經濟學家、革命理論家等。
3　一八二〇—一八九五年，德國哲學家，馬克思主義的創始人之一。

歐途中，順道來上海的名士。同席有多位中國的文人雅士，如松村梢風[4]等，甚至連我們這種不成氣候的傢伙也在受邀之列；雖說這是促進日中文化交流的一種手法，但品嘗圓桌料理才是我的首要目的，遂欣喜赴約。

宴席、魚翅料理，一桌料理約二十八道菜。待早上十一點在小有天的宴席於下午三點半結束後，又得趕赴下午五點於陶樂春的宴席，一直吃到七點左右。回家後嚴重下痢，想說怎麼會這樣，沒想到隔天早上就沒事了。「這就是中國菜的優點。」內山先生一臉得意地像在說自己的事。有句話「流連荒亡」，流連有縱情享樂的意思，在日本就好比是常在吉原一帶玩樂的意思。這在現今中國是很難想像的事，以前中國的有錢人家舉行婚禮時，宴席得吃上三、四天，吃到很撐時，服務員還會幫客人解開衣服的釦子。新菜上桌後，去廁所吐一吐再回來繼續吃，服務員會在一旁服侍賓客，所以客人得給小費才行，所以有人就算受邀，但考量所費不貲也會推辭。那時有錢人家的婚禮還會特地請來北京的一流劇團，或是邀請藝人來婚禮表演炒熱氣氛，所以若非真的身家豐厚，還真辦不起這般婚宴。長谷川如是閑、早大的本間久雄來上海時都很有文人風範，但這次我來上海第一位拜訪的作家前田河廣一郎[5]，他那旁若無人的態度就連內山先生也瞠目結舌。

要說明這件事的始末之前，得先提一下比前田河早一步來上海，我的老友秋田義一[6]。手邊的錢不到十天就會花光的我們並未馬上開口向別人借錢，說是孤注一擲也不為過，此事與販售珍本有關，所以得先從這件事說起。無關善惡，一旦決定就會一股腦的投入，不聽別人勸，也不理會別人的建議，就是我的一大致命性格；之所以不想找人商量，也是因為我的好強個性，搞不好只是怕被反對，被說教個不停吧。有個與中國人合夥在虹口一帶開設運輸公司，名叫中尾的人。他是岡本潤任職京都等持院攝影所時的朋友，自稱是無政府主義者的中尾就是那種好賭的小子。我向他借了一台油印用的機器，把花了整整一晝夜寫完的現代小說——說穿了，就是比現在週刊雜誌上的色情小說再不入流些的玩意兒用鐵筆寫在蠟紙上，再放上機器印出來；可想而知，不熟悉操作步驟的我多麼手忙腳亂。

4 一八八九—一九六一年，日本小說家，作家松村友視的祖父。

5 一八八八—一九五七年，小說家、翻譯家，日本勞動文學的推廣者之一。

6 ?—一九三三年，生前是沒沒無聞的畫家。

只要有人走進來，不分親疏都會幫我。貪心如我，因為印刷了兩百本，結果印到蠟紙破了，字體模糊、出現線條之類的瑕疵，雙手又沾滿油墨，結果一大堆印得不忍卒睹的東西攤在榻榻米上曬乾，弄得房裡幾無立錐之地。「到底在做什麼啊？」辣椒婆婆一邊窺看我在做什麼，拿起正在曬乾的紙，「那時，他的右手探進女人的袖口……」還走來走去，大聲唸出來。「婆婆，別唸出來啦！這不是可以唸出來的東西。」我只好趕快收拾成堆紙張。扣掉瑕疵品，實際印了一百八十本。配上彩色封面，也想好書名《豔本銀座雀》。書是印好了，接下來就得沿街叫賣。婆婆向窩在後面小房間，玩豬鹿蝶的傢伙們提起這件事時，只見這群住在虹口、吳淞路一帶的人有如鯉魚爭食麵包屑般紛紛圍上來嚷嚷：「我來賣！」、「給我十天就能全都賣掉！」只見婆婆「噓！噓！」地像趕狗似的譏諷：「你們這些人啊，一看就是不會乖乖帶錢回來的人啦！」完全不理睬這群人的提議。

隔天婆婆從楊樹浦帶來一個神情呆茫，有著朝天鼻的矮子男。我馬上給他起了個綽號「鼻助」。鼻助不似他的長相，說起話來爽快俐落。談定一本一美元的批價，再看自己賣得如何。總之，很佩服他的機敏。他開出的條件是先帶走五十本賣賣看，我當然也有不肯讓步的原則，要他每賣掉五本再來跟我兌現。於是他帶了五本離去，隔天早上傳來敲門環聲，五枚墨西哥的雷亞爾銀幣在他的掌上鏗噹響。我又拿了五本給他，傍晚他又帶著五枚銀幣走進來。我問究竟是賣給誰，他回道：「什麼人都有。」還說：「在銀行分行賣得非常好。」我說：「總不能賣給領事館警察吧。」他回道：「當然。」這男的非但一點幽默感也沒有，還讓人覺得活像矗立在盡頭的一面油漆未乾大牆，給予更大回擊。我們的黑暗帶著點苦澀、掙扎與針扎似的疼，但這個弱不禁風矮子男的黑暗卻像是把屍體扔進去也只會發出咚的聲音，因為滿是穢物而無法流淌的深潭底。軍閥時代張起的鐵條網上的生鏽鐵絲還殘留著，夏天時隨著夜晚街燈亮起，數不盡的蚊子成群飛舞，也許是被放吊掛在竹籠裡的屍首之血給吸引來吧。就算沒認識鼻助，這般爛泥臭味也早已滲透我的體內；對於初來乍到上海的人來說，著實是難以忍受的味道吧。

一拿到墨西哥銀幣的我們頓時有了活力，先去抵達上海那晚，宇留河ＰＡＮ先生為我們接風，請我們大啖一頓的廣東料理洋風餐廳「新雅」。石丸婆婆帶頭玩起賽狗，四個賭徒就這樣讓不義之財逐漸化為烏有。結果鼻助只賣了半個月就陷入停滯狀態，還有一半的書沒賣出去。看來恐怕是他常用的套路，故意讓我們急得半死，好向我們討價還價怎麼處理剩下來的庫存。識破他這招數的人，就是不愧在上海打滾多年的石丸婆婆。「我們也要反擊才行。」要是沒有婆婆獻計的話，怕是早就陷入他的圈套。「不管花再多時間，一定有人同意照定價賣，你要是不願意的話，就別幹了。」聽我這麼說，「你要是找別人幫你賣，絕對賣不掉啦！這種事可是有行規，不是門外漢可以插手的，況且買方是因為信任我才跟我買。不信的話，你等著瞧吧。」這麼說的鼻助挺起他那小小身軀。算是頗能忍，但脾氣也稱不上好的我突然拿起兩三本書，挑釁似地當著他的面撕毀，告訴他要是再說些有的沒的，我寧可這麼做。鼻助像是在心裡嘲笑似的從懷中掏出紅錫包，抽出一根菸點燃，揉皺菸盒後默默地吐了一口煙。

「不然這樣好了。這次讓我帶十本去賣。歐洲航線的船今晚抵達，有個我認識很久的水手老大，他不會拒絕我的請託。其實有件事很難向您啟齒，我和那傢伙一起幹過荒唐事，這個嘛，就是轉賣偷渡的女孩……」

也就是誘拐婦女、販賣人口的勾當。鼻助之所以暗示這種事，無非是想來個下馬威，這讓我越發惱火，無法抑制想一腳踹倒，用拖鞋踩他鼻子的衝動。眼看即將爆發衝突的她趕緊打圓場，我也逐漸冷靜下來。看來要在這片土地生存下去，就是得像這樣吞忍各種規則，待人處事才行。結果帶走十本書的鼻助隔天照約定帶來九枚銀幣後，隨即離去。

一天天過去，鼻助遲遲未現身。就這樣過了四天後，我決定去一趟他在楊樹浦的家。得知他白天在上海四處晃，晚上才返家，於是傍晚我叫了一輛黃包車從位於南邊的狄思威路往北走，離開租界區，來到一條陌生又髒亂的街道。坐在車上的我用力跺腳示意停車，再次藉著燈光看了一眼車夫，果然如我所想，此人一臉凶相。我遞上車資，明明是付二十塊錢都嫌貴的距離，我給了三十塊錢，他還是搖頭，只好再掏出二十塊卻還是擺不平。因為聽到他威脅著說要叫同夥來，我趕緊往回走，不理會他在身後的叫囂，跳上一輛突然駛來的車子，速速離開。因為遇上這般風波，所以來到郵船碼頭大道時，四周已是一片昏暗，又開始下起大陸型氣候那有如毛線鉤針般，格外寒氣刺骨的冰雹。那時頓覺世界末日來臨，所有想做的事、貪婪都放棄了。不住顫抖的身子只想窩在冒著溫暖蒸氣的一隅，只想把頭埋進冒著熱氣的湯麵碗裡。楊樹浦的小運河臭味刺鼻。我窩在破舊民宅屋簷下的昏暗處，看著熙來攘往的人們。

在這條花街巷弄裡，傳來女人們咒罵嫖客的尖聲嘶吼，甚至聽得到粗鄙的日語。這裡是上海知名的腐肉丟棄場，只見好幾個男人活像一群烏鴉，盯著身上滿是針孔的瘀青腐肉。在這裡安身的女人們應該個個都有傷心過往吧。而男人的卑劣慾望有如猛扒殘羹剩飯的流浪漢般有著更可悲的經歷，讓我有所共鳴，吸引我望向腐肉。

任誰一旦成為穢物，就有無視自己開始脫序的危險，而無趣的世間就是稍稍助長的力量。污穢的人即使身處污穢中，也能看起來更污穢，理由很簡單，因為自己是人；但也有不少人一想到自己成了土左衛門[7]的模樣，就會拚命阻止自己溺死吧。

沒想到我一下子就從像是掮客的日本男人口中，打探到鼻助的住處。鼻助夫婦租住在一戶中國人家的二樓一室，夫婦倆正大啖壽喜鍋，不停往鍋裡加食材。

鼻助看到我，似乎頗驚訝，但可能是在自己的地盤，加上老婆也在場的關係，

「我們正在吃晚餐，要幫你添副碗筷嗎？」

拚命力持鎮定地說。鼻助的老婆有張扁平臉，還有只看得到兩個小孔的鼻子，心想還真有夫妻臉。原來她因為生病而沒了鼻子，所以口齒不清。她拿來衛生筷和碗，似乎要我一起用餐。

我站著告知來意。只見鼻助噘起嘴，嘔氣似的說歐洲航線的船已經抵達，但不巧他認識的那個水手老大生病，所以這次沒上船，也就做不成生意了。當他道出明後天有大阪商船抵達時，還一副自己多有俠義之心，施恩於我的口氣，果然在老婆面前就是想一逞威風吧。想到他多是幹些走私槍械、販毒的不法勾當，實在不是招惹得起的傢伙，只好忍住想一腳踢翻壽喜鍋的衝動，

「今天就是來聽你給個說法，那就明後天不管多晚都行，帶著錢來找我。」

臨走前不忘再次叮囑，這是不夠通達情理的我所能做出的最大努力。

7 江戶時代，力士土左衛門因溺水而死，肥胖的身軀成了浮屍。

當我正要步出門外時，鼻助慌忙追上來，

「雖然不多，這是用別的法子賣書的錢。」

只放了兩枚銀幣在我手上。

「兩美元嗎？所以還有七美元囉。」

我也一副別想糊弄的口氣。

一想到懷著無處宣洩的怨憤被掌中兩枚銀幣安撫的自己，心中的怨憤更強烈。

我沿著楊樹浦的小運河朝北往回走，瞧見路旁立著一根像是沒了手指的手臂，柳樹葉子飄落其上，被冰雹打濕的木頭。小運河上停著一艘小船，傳來嬰兒哭聲。此刻，彷彿任何事物都能成為讓我宣洩怨憤的對象。今日的悽慘模樣、自己的自不量力，再怎麼切、再怎麼衝撞也無法破除的壓力障壁，以及在日本的生活、那些世故的傢伙、忝不知恥的傢伙、嘻皮笑臉的傢伙、高傲的傢伙，還有打造出這些傢伙，那有如氫氧化鈉、稀釋過的鹽酸般腐蝕肌膚，讓薄薄的情感之皮捲曲的日本生活滋味等，匯聚成盤踞心中的宿怨，與那時的怨憤合而為一，整個人呈現必須宣洩，否則會崩潰的狀態。於是，我朝著宛如通往地獄之路般黑暗的小運河

上游，

「娘閪屄！」

竭盡全力怒吼，吼了兩、三次。

附近沒有人家，應該也沒人聽到，但我還是拚命怒吼，至少心情爽快許多。

「娘閪屄」是上海苦力們常掛在嘴上，最沒品的髒話，意思是侵犯你的母親；還有更誇張的說法就是挖你祖宗十八代的墳，侵犯祖宗女輩。在中國這個大染缸裡，我們這些有著櫻桃小嘴、手指乾淨的日本人看來簡直無法想像的事往往不是說說而已，而是現實中真的發生，就連看似誇張的言語也讓人覺得萬分真切。中國人似乎就是會窮究人心究竟能禁得起多大考驗的民族，好比史書記載前漢滅亡時，赤眉軍在長安燒殺擄掠，還開挖帝王陵寢，把呂后等歷代皇后的屍體挖出來，逐一玷污她們的屍體；也有不少關於食人肉的記載，好像還有如何烹煮人的方法。史書記載隋煬帝命麻叔謀為開河大總督，立下功績的麻叔謀卻罹病，手下官員為了討大總督歡心，竟然每天殺嬰，謊稱是豬肉上貢，而這位大總督還盛讚嬰兒肉是天下第一美味。

看來相較於十八代之前的祖先，與身上滿是瘀青的楊樹浦女人上床一事有如吃雞胸肉般，還比較乾淨衛生。至少我還有個躺在置於石丸婆婆家的土間，那張有彈性又好眠的床上，不知心裡住著鬼還是蛇，搞不懂她心裡在想什麼的妻子。血在溫暖身軀裡流竄，心臟像時鐘般規律跳動，五體與常人無異，認為所有人都是自由、平等；不管怎麼說，只要這麼想就有信心踏出第一步。回到餘慶坊時，已經晚上九點多。我在巷口買了五顆家鴨蛋和火腿（中國的培根），石丸婆婆做了火腿蛋炒飯給我吃。

隔天，意外的訪客敲了敲門環，走進來。戴著一頂有點舊的紳士帽，身穿繡著圓形鳳凰花紋的黃綠色緞面長袍的秋田義一說他昨天剛從日本過來。石丸婆婆似乎以為他是中國人，一臉詫異地看著我們三個人用日語交談。因為秋田有點重聽，所以有時問他話卻沒回應，但大致上沒什麼問題。因為福士幸次郎的關係而結識的我們坐在牛込的赤城神社境內的石階，聊著塞尚的畫，十分投契。他說他也畫油畫，我還沒見過他的作品。他已經往返上海和日本好幾次了。

「這次是為了什麼事而來？」我問。

「嗯。這個嘛，一言難盡……」他含糊回應。

「如何？你們要不要來我下榻的地方？」他提議。

我看向妻子，

「去看看吧。」

沒跟她商量就這麼脫口而出。

叫了三輛黃包車，秋田、妻子、我依序上車，沿著北四川路朝南邊駛去。

秋田義一這個人還算不錯，只是有點特立獨行。

因為他是那種只揀好話聽的人，所以綽號就叫「揀話聽」，也有人喚他「耳謝柯」，這綽號取自俄羅斯盲人作家謝柯（Vasilij Jakovljevič Jerošjenko）[8]，記得是Sato Hachiro[9]幫他取的綽號。說到取綽號和聊八卦，還是個毛頭小子的八郎可是個天才。

8 在日本期間以日文發表過童話作品，後來成為北京大學教授。

9 一九〇三—一九七三年，本名佐藤八郎，詩人、作詞家、作家。

車子沿著蘇州河，駛過太馬路後繼續奔馳，最後停在五馬路的中國旅館門口，秋田就住在其中一間寒酸的客房。房間中央擺了個畫架，畫布上繪著薔薇，一張薔薇明信片用別針固定在畫架一隅。

「昨晚看著這張明信片作畫。要是不趕快賣畫，就付不出房費了。」

「是喔。」我悵然不已。

他鄉遇故知，同是天涯淪落人，讓我心生勇氣、內心湧現暖意。虹口有一間「日之出」的日式旅館，直到前幾天還住著一位甫於帝展[10]獲獎，前景看好的新銳畫家上野山清貢。他想溯著蘇州河，行水路到蘇州，卻不敢隻身一人嘗試，遂邀約我同行。我不想和優等生同行，也不想欠他人情，無謂的自尊促使我婉拒，其實並不排斥搭船旅行。那時我只穿了件不夠保暖的風衣，幸虧上野山送我一件能夠禦寒的厚外套，感謝他的好意。反觀手頭不闊綽的秋田根本不敢想像自己也能來趟像上野山這麼值得誇耀的旅行。說穿了，此番波折不斷的旅行目的也是一種偽裝，無疑是難以捉摸的自負與謀略，說是逃避也不為過。崇尚個人主義，自稱無政府主義者的他委請在中國從事政治活動的西田主稅幫他寫封介紹信，想獲得時任上海市長張群的金援。

「要是順利的話，小光你們就不用擔心沒錢去法國了。」

這番話說得如此懇切，讓我心想若能成真，當然願意助一臂之力，無奈要遇到張群可沒那麼簡單，因為他的行蹤很隱密。就連身為旁觀者的我也替秋田心急如焚，他卻不放棄地探尋，在下著霏霏細雪的日子先是去趟南京，再返回九江，映在我眼裡的他骨瘦如柴，多次勸他放棄。這事一直拖至隔年初春，西田的名片早已破舊髒汙。

秋田用袖口抹了一下額頭。

「我手邊有這東西，你覺得誰會有興趣？」

秋田取出用包巾裹著的木盒，放在擺著糖煮玉米、糖煮菱角的圓桌上。

「這是骷髏杯。」

秋田的掌上有個像是椰子對剖，發著黑光的器皿。

---

10 一九一九年至一九三六年於日本內地所舉行的官方美術展覽活動，稱為「帝國美術展覽會」。

「這是我在蒙古買的。用人的頭骨當酒杯。」

內側是銀質地，發著幽微黑光。妻子想拿卻不敢拿，一臉恐懼地瞅著。

「這是沒碰過男人的處女頭骨，在蒙古可是很貴重的東西。賣了這東西才有車資。」

我一邊撫著手上的骷髏杯，心想這是病死女子的頭骨？還是為了做成酒杯而枉死的冤魂？秋田不清楚這東西的來歷。蒙古部落酋長是用這東西喝馬奶還是高粱酒？或是因為心愛的女兒一心愛著不該愛的人，憤而砍下她的頭，做成酒杯的話，那時他的心情又是如何？記得自己內心奉為圭臬的人道主義蠢動，也無法理解拿這東西賞玩的骨董愛好者的神經大條。妻子戳了戳我的手臂，要我趕快把那東西放回盒子，其實更直接的理由是她感受到自己也被剝除頭皮似的疼痛。

女人對於被害者的感同身受可說是超乎想像的真實與正確。因為就像女人期待的被動愉悅感一樣，這種能力可以為她們的人生帶來超乎想像的各種可能性。女人往往為了肉體那處被男人喚醒的要害，願意輕易捨棄一切，坐上危險的竹筏。於是，女人的精算就此栽了個大跟頭。

我們想試試抽鴉片。旅館的男服務員明白我們的要求，馬上準備放在大盤子裡的鴉片煙管與小煙燈之類的道具。似乎也沒吸食過的秋田請服務員示範，只見他說聲「是」之後躺在地上，上半身坐起，點燃油燈，用指尖把膏狀鴉片弄軟，再塗在粗粗的煙槍中央有個像是算珠狀的小吸孔，待發出噓噓的氣泡聲就能吸食煙管裡的氣體。服務員的上唇有個膿包和結痂。秋田吸了一口之後輪到我。我不去想男服務員唇上的膿包，吸了兩三口，只覺得像是古寺大殿的焚香味，沒什麼特別。她掏出手帕，仔細擦拭吸孔後吟味了一段時間，也沒什麼特別感觸。

「別擔心啦！要是不上癮的話，就不曉得它究竟有什麼好。只抽了兩三次，不會上癮。不過，聽說有人上癮後，要是不抽鴉片就活不下去呢！」

這麼說的秋田又抽了兩三口，吐了一口煙。

「為什麼這種東西會要人命啊？」

我裝傻地問。我們回到餘慶坊，也沒覺得身體哪裡不對勁，沒想到隔天醒來時，卻覺得渾身異常慵懶無力。她用大腿夾住我的腳，望著天花板，說道：

「身上還有鴉片味道呢！一種懷舊又深奧的味道，不覺得嗎？」

無奈罹患慢性肥厚形鼻炎，早已喪失嗅覺的我實在無法理解這氣味。鴉片對我來說，毫無魅力可言，真令人惆悵。後來又有幾次抽鴉片的機會，也嘗試注射毒品，體質無堅不摧的我意識到要是不接受它，我便無處可逃。眼看現實將以被逼至窘境的模樣，摩擦著粗糙的鯊魚皮。

鼻助趁我不在時來了一趟，把十枚銀幣排放在床上，又帶了幾十本書離去，我已經懶得跟他計較賣書的事了。我陪秋田拜訪位於黃浦江對岸，鐘淵紡織公司負責人的住居，因為他要用花了一晚完成的油畫換些錢，而我這個隨行者身負監護這項艱鉅任務。

胡桃鉗

我跟著秋田義一來到黃浦江對岸，要是以東京來說的話，就是城東區一帶，一間位於浦東陰濕工廠地區的某日本大型紡織工廠。當時上海一些落魄的無政府主義者一頭熱地想挫挫資本家的銳氣，自稱是無政府主義者，任職汽車製造商的中尾還派車載我們一程，鼓掌送行；好像是因為秋田認識上海無政府主義的老前輩三浦，才會有這麼一段插曲。說我們要去挫挫別人的銳氣也太誇張，秋田只是做別人還沒做過的事，那就是兜售他花了一夜完成的油畫。

日落的早，我們在河邊雇了艘舢舨，抵達對岸時，四周已是一片昏暗，就連成排倉庫牆上大長城香菸廣告的偌大文字也得就著燈光才瞧得見。黃包車駛抵公司負責人的宅邸時，天色完全暗了。我們被帶至一間小客廳。趁僕人還沒端來紅茶時，我解開包巾上的小間結，小心翼翼地打算把三幅未乾的油畫排放在長椅上。約莫四十幾歲的經理翩然現身，他和秋田似乎並非初次見面，幾句久違的寒暄後，重聽的秋田前傾身子，和經理聊些我不熟悉的人事物，好像是關於紡織界人物的傳言，秋田似懂非懂地聽著。中國員工的罷工看來只是虛張聲勢罷了。聊了一會兒這類令人煩悶的話題後，暫時離開又回來的經理把用袋子裝著的錢遞給秋田，說這是車資。只見秋田湊向打算把畫拿出來的我，說了句：「不必拿出來了。」兩人步出宅邸，並肩走著。四周有如浸泡在染料瓶般黑暗，附近都沒看到黃包車。因為畫作很重，所以我們輪流拿。凜冽寒冷的黑夜裡，我們站在映照出絹絲般光圈的街燈下，秋田打開袋子，三張五美元紙鈔落在我的掌上，拍了好幾下確定袋子，確定只有這些。失落的我一副已故松助[1]扮演的蝙蝠安[2]姿勢。

「什麼嘛！只有這麼一點嗎？」

秋田一臉悵然，隨即有點憤怒地說：「給他好看！」

「要我丟還給他嗎？」

聽我這麼說，他咂舌一聲，把錢塞進長袍內袋。之所以沒有付諸行動，是因為我們實在太窮了。兩人不發一語地坐在回程的舢舨上。黃浦江的江水像染上瘧疾似的發顫，舢舨像逃跑似的行過一片黑漆，聳立如峭壁，宛如大鋼琴蓋的貨輪旁，浮在微亮的江面。船夫遇到同行時都會彼此打招呼，再繼續拚命划。總覺得

1 一七四四—一八一五年，尾上松助是歌舞伎演員，屋號音羽屋。
2 歌舞伎裡的一個角色，好賭的無賴漢。

就算我們現在成了屍體浮在這些船夫面前，他們也會用槳推開，視若無睹吧。感覺身處這片江水上的我們在這地球上已無立足之地，窮途末路。

「看來作戰失敗了。小光啊，就算不明說，你也明白吧。我只是想好好做些什麼……」

「勝負乃兵家常事啊！下次一定會有轉機的。」

這麼安慰他的我忽然覺得敏感又纖細的秋田不適合這工作。想到他明知自己說的是大話、虛張聲勢又不切實際，還是吞忍著苦，讓自己看起來體面些，就覺得不忍心。

「也許我不適合做這種事，但應該還能做下去吧。」

秋田說完後，忽然陷入沉默。

「小光，你不明白。你更不適合做這種事。我不崇尚虛無主義，也不是無政府主義者，也沒什麼特別要好的朋友。說穿了，就是個小丑。」

「小丑啊。那不是很能吃苦的好男人嗎？」

「好男人？」

秋田的喉嚨像卡了根骨頭似的沉默不語。想到對這男人來說，無論怎麼說只是讓他更痛苦，我也陷入沉默。

秋田義一與我們有著落難情誼與利害關係，之後也往來密切。

不久後，迎來中國的農曆新年。除了餐館之外，商家多是大門半掩，門前是成排的賭攤。一元可以換四百八十個銅幣，石丸婆婆遞給我們一個大布袋，說了句：「用這去賭一把大贏吧！」推著我和三千代出門，無奈不到三十分鐘，就輸個精光的回來。

秋田暫時回趟日本，說一個月後回來。大陸嚴冬的寒冷格外寂寥。她在空蕩又冷的房間裡幾乎窩在床上。我則是漫無目的地在上海街頭閒晃。「很多人來上海，但沒人像金子先生這樣走遍上海呢！」內山先生甚是佩服。

這期間發生了不少事。專門出版共產黨書籍刊物的創造社遭蔣介石掃蕩，我聽聞傳言趕過去一看，椅子被砸毀，書架上的東西被扔得滿地都是，簡直一片狼籍。出版社社長鄭伯奇[3]一臉愣怔，張子平[4]、茅盾[5]這類當紅作家的書全被掃蕩。

3 一八九五—一九七九年，本名鄭隆謹，字伯奇。中國作家，出版社社長。

4 一九二六—二〇〇五年，京劇活動家。

5 一八九六—一九八一年，中國小說家，評論家。本名沈德鴻，字雁冰。

我常在北四川路一帶瞧見魯迅與郁達夫並肩而行的身影，以巴爾札克[6]的文風來譬喻，就像兩把胡桃鉗；只見瘦高的郁達夫湊近個頭有點矮的中年魯迅[7]，好似在說悄悄話，魯迅則是頻頻頷首。有時他們會散步到蘇州河邊，魯迅蹲著，用石頭在地上畫圖說明，郁達夫則是倚著橫濱橋的欄杆，兩人就這樣沉思了約莫一個鐘頭。「別看他們那樣，也是吃了不少苦啊！」內山先生了然於心似的說，秋田則是不以為然地反駁：「盡說些無聊事吧」。還補充道，所謂的無聊事就是煩惱糾結是否該放棄無政府主義，崇尚共產主義。日復一日，不停流逝的時間讓物換星移的時代風貌逐漸清晰，每個人的立足點開始變得踉蹌不穩。日本發生的事在這裡也開始發酵了。知識份子之間突然颳起一陣像在預告暴風雨將至的強風。有時遇到就讀魯迅擔任校長的女子學校的學生，我會主動打招呼，換來的卻是愛理不理；有時我湊近搭訕，只見女學生一副不滿被打擾，勉強擠出笑容，張著滿口蛀牙的嘴說：「不覺得自己在上海待太久了嗎？」滿是警告意味的口氣。「因為和尊夫人在一起，所以哪裡都能久待吧。」郁君說。「你是在說你自己吧。」馬上就被魯迅挖苦。郁君無法擺脫的是早已習慣的知識份子生活，而魯迅褪去太多就很可惜的是深厚的文學教養吧。我是這麼解讀從兩人身上嗅到的氣味，也是因為有所共鳴。一直暗暗苦尋有什麼方法可以安撫自己的我一時無法好好表達這種感受，只能選擇悄悄走開。

我也常在內山書店遇見他們，不是坐在最裡面沙龍的椅子上，就是並肩站在書架前。內山書店不僅是中日知識份子的交流場所，也扮演讓中國人汲取知識營養的「乳頭」。不少中國知識份子都是透過日文，汲取世界各國的知識。因為這是最簡便的方法，所以一直以來，中國的新文化運動都是由留日的中國青年發起。以武者小路實篤[8]的人道主義為首，中國人閱讀日本的小說、闡述思想的書籍，深受影響。當時的社會主義思想，尤其是《資本論》，內山書店書架上的各種日本翻譯書籍在中國人之間流通著，一想到這些書籍化為革命論者的血與肉，就覺得這些書架可是身負重責。內山先生當然明白這一點，也甘願擔起這份責任。他

6 Honoré de Balzac，十九世紀法國作家，法國現實主義文學成就最高者之一。

7 一八八一—一九三六年，原名周樟壽，字豫山、豫亭，筆名魯迅。中國近代作家，新文化運動領袖之一。

8 一八八五—一九七六年，小說家、詩人、劇作家，也是畫家。白樺派的代表人物之一。

看顧走向生命盡頭的魯迅，也不厭其煩地幫助郭沫若這類左翼學者、思想家與日本的文人學者交流；即使與他信仰的基督教義有所抵觸，他也願意通融、接受，只能說他有著非凡氣度。記得尊夫人名叫靜枝，後來在上海去世，參與共產革命的內山先生則是在北京過世，和另一半一起長眠於靜安寺墓園。

最常出現在內山書店的常客就是創造社那幾個人，像是前面提到的鄭伯奇，還有詩人王獨清[9]等，總是一臉不屑地瞅著魯迅與郁達夫。只能說一視同仁對待他們的是內山夫婦奉行基督教精神吧。

秋田依約一個月後，不，或許稍遲些，回到上海。當時文壇的當紅作家，也就是左翼小說家代表之一前田河廣一郎也聲勢赫赫地來到上海。他為了在雜誌《改造》連載的小說，特地來上海取材，意氣風發地投宿在靠近文士聚集之地，一間日本人經營的旅館。看在窮酸如我們的眼中，只覺得他活像花錢如流水，成天酒池肉林的暴發戶。內山先生邀請熟客們在四馬路設宴為他接風。魯迅與郁達夫也出席。喝到一臉漲紅，精力充沛的前田河說魯迅是舊時代文人，批評郁達夫是文弱書生；面對這位以短篇小說《三等船客》名聲扶搖直上，曾在美國當過苦力的當紅作家這般直腸子的評斷，魯迅與郁達夫沒答腔，坐在一旁的我則是有點尷尬。宴會結束後，一輛輛黃包車並排在上海的主要幹道大馬路上。我坐上黃包車，車子朝徐家匯方向駛去，結果一路上把方才喝的酒，吃的料理全都吐在車夫的頭上。因為喝了加入虎骨，名為「三蛇虎骨酒」的烈酒，所以我一副爛醉樣。

我和妻子開始與前田河往來，和他一起去法國租界的酒吧、舞廳。舞廳「ALCAZAR」有個曾是俄羅斯貴族的妖豔女孩。我們還去了吳淞路上的日式居酒屋，滔滔不絕說著共產思想的他早已醉到口齒不清。我說要安排他和秋田見面，他說兩人早就見過。

「你還真是個沒骨氣的男人啊！怎麼會和那種人來往呢？對了，你為什麼不加入共產黨？」

酒後失言的他嚷著貧困到生活無以為繼也是成為共產黨員的條件，但對這方面一無所知的我只覺得他的理論聽來頗幼稚，甚至替他擔心該不會以這般調調書

9　一八九八—一八四〇年，本名王誠。詩人、作家，回國後與郁達夫、郭沫若、成仿吾等發起成立創造社。

寫連載小說。其實和他相處久了，就覺得他人不壞，也很想給他幾句忠告，但沒自信能說服他就是了。前田河和東京的改造社聯絡都是打長途電話，手邊的錢當然很快就花光，只好請對方用電匯方式預付稿費，結果不知節制的他又花個精光；雖然他花錢如流水，但畢竟還是很掛心稿子一事，遂問我：「我想去看看內外綿工廠[10]，可以幫忙聯絡嗎？」幸虧石丸婆婆的弟弟在工廠當工頭，可以安排我們參訪。秋田聽聞，

「幫那種權力主義者只是浪費時間罷了。那傢伙根本無法理解什麼叫做內心純粹，因為他是什麼都能利用，只要有利於自己就好的粗鄙極端物質主義者。」

處事一向恬淡的秋田竟然脫口而出不像他會說的話。看來秋田和前田河的會面讓彼此的心裡有疙瘩。秋田就像花芯裡藏著一顆敏感脆弱之心的花兒，我不覺得前田河能理解這樣的他；可想而知，前田河不拘小節的感傷也不投秋田所好。但身為旁觀者的我來看，兩人都是日本人喜愛的多愁善感之人，相似度根本高得可憐。無奈就像貴族與平民的差別，加上好面子的關係，彼此打從心裡就排斥對方，無疑暴露了日本人器量小又耿直的一面。我們在冬陽暖和之日造訪內外綿工

廠，不但參觀了作業流程，還在員工宿舍的浴場洗澡。前田河攔住一個正在撿煤炭屑的貧民窟孩子，想問一些事情，遂請我幫忙口譯，無奈我的中文不甚精通，無法充分傳達雙方的意思，也問不出什麼可供寫作的素材。

在上海從事貴金屬交易的大富豪宮崎議平透過內山先生，邀請前田河晚上去他家餐敘，我和妻子也受邀作陪。我們算好時間，搭黃包車去內山書店接前田河。因為是來自企業家的邀請，所以前田河打從心底排斥、憤恨，抱著好奇心態的我被妻子輕碰一下手臂，要我留意他的言行。前田河抓住在他鼻尖晃啊晃的人偶，隨手扔在一旁，嘀咕著：「好不容易前陣子工作有進展，不想浪費時間。」看起來有點心緒不寧。不太清楚宮崎府邸究竟位於上海的哪一帶，只見車子左彎右拐，花了好長一段時間才來到市郊一處地方，車子停在一棟氣派的洋風建築門前。我們在客廳稍待片刻，便聽到通知晚餐已準備好的銅鑼聲，遂走進飯廳。待主人宮

10　日本在中國設立的紡織公司。

崎先生與夫人、令千金以及三位客人落坐後，兩位男侍逐一端上料理，席間也不斷為我們添葡萄酒，我們好似在飯店用餐。愛酒更勝美食的前田河請宮崎先生命人把整瓶琴酒、干邑白蘭地擺在他面前，當水喝似的暢飲。從事貴金屬交易的宮崎先生是研究資本主義經濟學的學者，曾任教明大，後來成為企業家，坐擁財富。溫文儒雅，相貌堂堂的他是典型紳士，始終以恰到好處的寬容態度對待任性的鄉巴佬文人前田河，以及我這個性格彆扭的詩人。前田河大口喝酒吃肉，我和妻子也狼吞虎嚥地吃著。宮崎先生一邊用餐，表明今日想聊聊文壇的事，前田河卻一臉嫌煩地說資產階級的文壇已經結束了。今後是革命文學的天下，只有這樣才對日本的改革有所貢獻。似乎頗喜歡閱讀木下太郎、吉井勇作品的前明大教授詢問我的境況，這位左翼作家不待我回應就搶話：「雖然金子寫的是資產階級風格詩作，不過接下來就會寫無產階級風格作品吧。理由很簡單，因為他不是什麼資產階級啊！」懶得辯駁的我瞅著他那濃密亂鬍。就讀東京女子大學，趁春假回家的宮崎家千金於餐後拿著本子請前田河寫些東西，只見他拿起筆，在本子上粗魯揮毫。看來天下沒有白吃的午餐。

本來想給宮崎家千金一記忠告，卻瞧見她一臉不解地把本子遞給宮崎夫人過目。江南的楊柳如煙似的萌芽，春日爛漫晴空，連著好幾天都是讓人快要融化的暖陽。從日本回來的秋田似乎設法攢了些錢，掏出四張十圓紙鈔，小心翼翼地排放在小桌子上。

「我們三個一起從蘇州一路玩到揚州，如何？」問道。

石丸婆婆為了秋田，特地去餘慶坊入口處的雜貨店買了一瓶老酒。黃湯下肚後的他心情大好，暢聊在蘇州攢些錢，然後閒晃到漢江，從重慶行至古都洛陽、巴蜀地區，無止境地幻想能走多遠就多遠；雖然天候還有點寒冷，但要是不趁錢尚未花光時付諸行動的話，計畫就成了泡影，這麼想的我提議：「那就這兩三天出發吧。」這件事就這麼定了。秋田帶著一個包包離開五馬路的中國旅館，借宿在石丸婆婆就寢的榻榻米房間，婆婆則暫時搬至我們住的二樓小房間。

向陽的餘慶坊入口處，銲鋪的店門開了，有時還會看到小孩子一邊耍弄類似角兵衛獅子[11]的表演，一邊向路人討小費，用柔軟身子、倒立功夫吸引人潮，好

11 表演者戴上獅子頭，配合太鼓聲表演的技藝。

一幅閒適春日景象。有人在喉嚨開個洞，用這小洞孔吹笛，還有把小白蛇從鼻孔塞入，再從另一個鼻孔抽出來，將蛇的頭尾打結，藉以討賞錢的街頭藝人。洋溢中國城鎮風情的喧囂聲，操著中國話的嘶吼聲，無論是街角、十字路口都熱鬧不已。街上的體味濃烈，那股臭味是心底混雜著性與對於生死的不安、恣意放縱的慾望，以及在不斷垂死掙扎之際，滲透出來的心煩意亂，如此酸氣十足的人性臭味。我悄悄感受到自己的身體不知不覺地生出白根，鑽進這片精神貧瘠之地的石疊縫隙，整個人逐漸無法動彈。「上海調調」這幾個字在心窩成了清晰烙印，我的屍體有如沙包般愈來愈沉重，只能眼睜睜看著它漸漸成了無法移至別處的東西。無論哪裡都行，出發就對了。明明這麼激勵自己，卻明白對於自己這個用撬棍都撬不動的懶漢來說，再也沒有比這裡住得更舒適自在的地方了。來到這裡已近半年，卻連一件像樣的工作也沒有，所以夫婦倆過得很拮据，只能設法撐著。周遭愈來愈多和我們一樣的夥伴，馬上就成了一個以我為中心的群體，開始散發狐狸窩般的臭味，著實令人傷神；雖是一群一旦出了什麼事，什麼忙也幫不上的無能傢伙，其中倒也不乏趁著天晴好日，順風之時揮別上海，前往巴黎、拿坡里等遙遠國度，實現美夢的人。有神戶來的舞蹈教師，自稱是無政府主義者的時髦男子，還有本業是廚師，卻很喜歡畫油畫的年輕禿頭矮子男，以及曾是攝影師的年輕人；雖然大夥背景各不相同，卻有個共通點，那就是一致認為只要會說日語，去到世界哪裡都不是問題。他們和我一樣離開日本後，連封信都沒寄給家鄉的親朋好友。對於他們沒什麼好掛心、眷戀這一點，我倒是頗欣賞。這群無根之草在凡事斤斤計較的前田河的眼中，八成如灰塵般微不足道。

「不覺得你身邊盡是些人渣，都是些沒有用的傢伙嗎？」

他一副拿我無可奈何似的喟嘆。是我們呼吸的空氣不一樣？還是呼吸方式不同？即便彼此都是日本人，也是生活在截然不同的國度，好比秋田就和我交往的這些人不對盤。這些人的青春是比成長更快耗損的青春。他們主張的無政府主義充其量只是脆弱又荒唐的破滅深淵，就連他們帶著女人私奔，到頭來也是選擇放手，把心愛的女人拱手讓人。即便男人沒這麼做，女人也會受周遭影響，跟從自己的心志行動；而之所以失控的主要理由，就是上海這地方本來就是無政府主義打造出來的城市，生活在這城市卻不覺得格格不入的我或許骨子裡是個無政府主義者吧。

寶山玻璃廠是一間日本人經營的玻璃工廠，位於出了北四川路，靠近江灣一帶的市郊。工廠女老闆是秋田的贊助人，有時會買他的畫。這間工廠有個名叫高田的吹玻璃師傅，也是我們的朋友。吹玻璃不是可以長久從事的工作，高田也不例外，成天與酒和女人為伍的他是個頹靡的不幸之人。身形又瘦又高，個頭超過六尺的他喝到都咳血了，還是一杯接一杯，相當饒舌。他每晚都會去月宮殿的「桃山舞廳」縱情享樂。我說出秋田有個骷髏杯，非常感興趣的他目光炯炯地拜託我：「請您跟秋田先生說一聲，務必讓我一飽眼福。」其實沒必要如此慎重請託，跟我回去一趟就行了。我帶著他回餘慶坊，秋田恰巧不在。我知道骷髏杯放在哪裡，遂拿出來給他瞧瞧，只見高田屏息，目不轉睛地瞅著大手掌上的杯子，一副愛不釋手樣。「如果有人對這東西感興趣，還請幫忙介紹。」我說。「要是給錢就能割愛的話，我很想立刻買下，無奈我只是個吹玻璃工人，沒那麼多錢。」這麼說的高田深深嘆氣。雖知他真的很喜歡，但我無法作主。「既然這麼喜歡，要是我的話，就試著做一個看看。」

聽到這番話的他身子前傾地說：

「也對。江灣的田地不時會發現被狗兒從墳地挖出來的頭骨，撿那東西來做就行了。不過，很難是未婚處女的頭骨就是了。」

我看他的模樣，後悔自己給了無謂的建議。明明心裡不是這麼想，卻管不住這張嘴，結果說出不負責任的話。

「慢慢找就行了。洗乾、晾乾，弄得漂亮才是最重要的。至於銀底，也不是什麼難事，把墨西哥銀幣溶化成銀。這樣就沒問題了。不過，勸你還是別這麼做，畢竟要是秋田知道了，肯定會跟我囉唆，畢竟這些話是出自我口中……」

「我絕不會給您和秋田先生添麻煩。」

高田如此斷言，便離去。

我把這件事告訴秋田。

「那傢伙肯定會照著你說的去做。搞不好還會做十幾、二十個來給我們看，看來出現競爭對手了。」

這麼說的秋田大笑不已。我也心想隨他了。久而久之，就忘了這件事。

終於到了去蘇州旅行的前一日，收到前田河差人送來的一封信，要我在蘇州河畔隨意小酌的店與他會合。不知是因為工作方面遇上困難，還是酗酒的緣故，只見他睜著滿布血絲的雙眼，面色十分憔悴疲憊。

「我已經受夠上海了。多虧你，在這裡找到的素材都寫了，所以打算搭明天晚上的中國汽船去廣東，今後的舞台就移到廣東。」

前田河自顧自的說完後，有些氣喘吁吁。

「來上海還是有用吧。真是太好了。不過……我這人懶得無可救藥，沒看過你寫的東西，但我想應該不差。」

「好了。別說了。我只是想拜託你一件事。為了去廣東，我已經身無分文了。」

「拜託我……？」

想說他是不是問錯對象的我一臉納悶。

「我沒開玩笑。要你籌錢，怕是用盡全力也籌不出來吧。只是想請你去拜託那個企業家。」

「宮崎先生嗎？這個嘛……需要多少？」

「三百日圓，不，兩百日圓就夠了。」

「不是自己的事，也許比較容易開口吧。不過，不曉得對方肯不肯答應就是了。時間這麼緊迫，要說的話就趁今晚吧。」

「我也一起去。我開口，拜託你一旁幫腔。」

前田河低頭道謝兩三次，還真不像他會做的事。

「你搭船去廣東時，我們要去蘇州，預定在那裡待一陣子，四處晃晃。」

「看來是為了滋養詩囊吧。」

「我那千瘡百孔的詩袋快扔了。」

趕緊打電話詢問對方是否方便，約好當晚造訪宮崎宅邸。我吃了火腿蛋炒飯當晚餐，隨即和前田河一同前往。宮崎先生依約等候我們到來，我幫前田河說明來意，因為他說自己口拙，脾氣又拗，就怕誤事。有錢人一提到錢，就像變了個人似的，前田河也開了口，果然讓對方不太高興。只見宮崎先生雙手抱胸地思忖片刻後，下定決心似的把數目不小的兩百日圓現金遞給前田河。對於我們來說，最緊張的一刻莫過於現金到手的時候。前田河趕緊數鈔。

「承蒙好意，但我不知道什麼時候能還就是了。總之，萬分感謝。」

低頭致謝。想去四馬路那邊喝一杯的前田河和我在花園橋的橋上道別。臨走時，他把兩百日圓的一成二十日圓遞給我，說是手續費。那時我的模樣也神似蝙蝠安，二十日圓就能讓心變得好暖，撫著肌膚的夜風也很溫暖，與金錢永遠背道而馳的夢想有如在滾滾紅塵中沉浮、散去的泡沫。

江南之水
徵溫日

我們夫婦倆和秋田義一，三人計畫去繁華的蘇州喘口氣一事始於前一年的歲末。大陸的晚春已是柳樹發芽時節，江灣一帶田野鋪上長得未及腰高的菜花毯子。拿著前田河給的錢時，我想著要是錯過這機會，在上海逗留得越久，怕是越會遇到各種突發狀況，也就更覺得該是付諸行動的時候。蘇州對我們來說算是舊地重遊，從上海的北站（北車站）搭車，只有將近五十七、八哩路程，算是能夠當日往返的距離。秋田借住石丸婆婆的房間，憑著腦子裡的模糊記憶繪著蘇州風景，完成兩幅兜售用的油畫作品，所以我們臨時啟程也沒問題，但他嫌剛搬來不久又要遠行一事頗麻煩，所以對此事興致勃勃的只有妻子一人。因為她總算拿到領口綴著兔毛圍帛，在上海訂製的高雅黑色呢絨外套，迫不及待想穿出去炫耀一番。坐在駛往北站的黃包車上，總算從長期滯留中解放的我也一派新官上任似的得意，要不是在熙來攘往街上，真想興奮地一邊高歌「茄子與南瓜」，一邊跳舞。

我們不到十分鐘便抵達車站，等著駛往南京、總是遲了二、三十分鐘才抵達的火車，車上沒什麼人。我們選了一個不錯的位子，男服務員立刻把浮著茶花的飲品擺在小桌子上。抵達目的地之前，為我們添了三次熱水。這輛車除了分成頭等、二等、三等、四等車廂之外，還有車身漆著「貧民昇降車」這幾個白字。從外頭窺看四等車廂，車廂內和貨車一樣沒椅子，背著寢具的旅人或蹲或站，不然就是鋪報紙就地躺臥。車廂一隅有個穿短褲的男人架起大鍋子，鏗鏗哐哐地賣著炒飯、丼飯。抵達蘇州之前的窗外風景一成不變，豔陽炙熱，垂柳被春日蒸騰出褐色的明媚景致。望著車窗外流逝的閒適景色，雜亂熱鬧的田地上有著像是迴轉舞台般沉甸甸的灌溉用轉盤，壯碩牛隻慢吞吞地四處閒晃。

氣派巍然的蘇州城外濠牆上除了映照著大運河，還因為逆光的黑，覆上一層威嚴。蠑螈赤腹般的蒼穹，好似斑紋的卷積雲宛如赤腹之紋般黑沉沉地漂浮著。姑蘇城是兩千年前吳王夫差的領土，之後成了在南方逐霸業的君王居城，與南京一起成為江南文化中心。森嚴城牆有如上岸的鯤鯨，外濠的水恍若一灘發黑的毒血。

城門外喧鬧不已，街巷人潮洶湧。在所謂的正門外，聚集著遊樂場、旅館以及品質差強人意的飯店，十分繁華熱鬧。

「城內有一間日式旅館，不過正門外的中國旅館比較便宜……」我馬上同意秋田的提議。我和妻子住過城內那間日式旅館，榻榻米房間，擺在壁龕上的竹筒裡插著鮮花。中國旅館陳設簡陋，只擺著一張床，但不管是一個人住還是五個人住都是算一個房間的價錢；三餐的話，就是挑自己想吃的，叫附近的餐館外送，便宜又實惠。我們把手邊為數不多的錢交給秋田，反正這是一趟完全交由別人安排的旅行，初嘗何謂悠哉生活。秋田為人良善，誠心希望這趟旅行能讓我們玩得盡興，只是拙於表達。

中國旅館的房間沒有可以上鎖的門，只有用胸膛就能推開的半扇門，所以商賈和妓女都能隨意進入，著實令人困擾。妓女們就連有女伴同行的客房都敢大剌剌地闖入。她們似乎沒洗澡，只用白鉛粉由上塗抹至下，脖子一帶黑到發亮又皸裂，感覺頗狼狽。即便夜半兩、三點，走廊上的喧譁始終未歇。唱戲之人的高亢嗓音隨著梆子與二胡，一直唱到近黎明時分，可能沒怎麼休息吧。唱戲的盡是十四、五歲女孩，唱的是寫在折帖上的京劇花旦名曲裡最好聽的段落，客人從中揀選點唱；像是「玉堂春」的蘇三起解、「四郎探母」的最後離別橋段等，都是些即使對京劇不感興趣的人也耳熟能詳的經典段子。當然也有時下流行的曲子。

唱戲的身旁一定跟著拉二胡的男子。「不用、不用。」儘管秋田一直婉拒，對方還是不死心地窮追，非要我們點個一、兩首才行，唱完立刻又有人拜託我們點曲，搞得我們根本脫不了身。「看吧！」露出這般表情的秋田苦笑。直到天空露出魚肚白，我們總算可以夢周公。

一早，有個從服裝到舉止一看就知道是日本人的老者提著竹籠，拜訪秋田。他是秋田的舊識，應該是收到秋田告知要來蘇州的訊息。操著有點難懂的九州腔，說彼此闊別許久，還把竹籠裡的東西給我們看。「想說一定要讓秋田先生畫這東西，所以我今天一大早就去市場尋。圓形的是鱖魚，黑色的是雷魚。」老人一邊說，一邊翻弄鮮魚，放下竹籠後便離去。原來這位老人家是一間叫做「東洋堂」藥局的老闆。提到蘇州城內的日本人，就會想到這位藥局老闆、領事館人員，以及東洋堂附近的雜貨店老闆娘和兒子，還有日式旅館的老闆娘。秋田下午出門後，老人又帶著蘇州名產羊羹來訪，和我們聊了一會兒。可能一年到頭沒幾個日本人造訪這裡，所以看到我們格外覺得親切，也開心能用母語聊天吧。我們聽著曾經腦梗塞，說起話來有些口齒不清的老者大聊特聊羊羹的由來。原來這羊羹是把煮過的羊肉切丁，再灑上一點鹽，如果不是討厭吃羊肉的人，會覺得頗有滋味。至於日本的羊羹是來中國留學的僧侶仿這外形，取個一模一樣的名字罷了。

原本想說從南京回上海時，順道在蘇州住一晚，走馬看花逛逛，沒料到一待就是一週還是十天。想說一邊賣畫，一邊四處逛逛；但這片土地之廣之深，可不是花個十天、二十天就能瞭解；想說已經到底了，沒想到還要更深，再更深，感覺自己像是要用短短五十年人生，賭上二千年歷史這般離譜。「所謂旅行就是不停前行，並非長留一處」我必須這麼告誡自己。古都蘇州的魔力根源莫過於水。城內的街景皆浮於水，據說架在四通八達的運河上，宛如單峰駱駝背脊的刳橋有三千五百座。若是搭黃包車的話，必須在橋頭下車，讓車子先過橋，但要是每次過橋都這麼做的話，委實麻煩，所以驢子成了這裡的代步工具。一匹驢子一定有個少年在前頭牽著；驢子雖不會失控猛衝，卻有罷工習性，不管怎麼推牠、拉牠，就是一動也不動，所以要是趕行程的話，根本派不上用場。每天早上，三匹驢子與三位小馬夫在外頭等我們。無奈三匹驢子都讓我們不甚滿意，妻子騎乘的驢子領頭，卻從第二天開始就下痢，步履踉蹌；我騎的這隻驢子則是時不時就鬧脾氣、罷工的傢伙，殿後的那匹驢子因為後腳一跛一跛，秋田八成坐得很不舒服吧。總之，要是牠們鬧情緒，我們也會覺得頗掃興。

第一天，我們參觀了玄妙觀（道教寺院）與雙塔寺，尋覓秋田的作畫素材；第二天，畫布盡收映照在水面上的滄浪亭，從沒繪過油畫的我和妻子說了些無謂批評。幸好我心目中一向強韌的秋田似乎沒什麼藝術家的自尊心，「嗯、嗯、那如果這樣呢？行嗎？」這麼說的他照我們說的修改，這下子反倒讓我們擔心到噤若寒蟬。玄妙觀的飛簷上綴飾揮著方天戟、打蛇棍的偶人，甚是有趣。矗立於荒郊的雙塔寺是兩座一模一樣，有些傾斜的磚塔；但這兩座塔就像戰後這時當紅的雙胞胎姊妹，光鮮亮麗的外表下，相互扶持彼此的孤寂與悲傷。冬日蔚藍晴空下，是因為還殘留年節氣氛嗎？只見幾個約莫六、七歲的中國小孩靈活地抬起穿著絲綢鞋子的腳，用腳底把羽毛做的東西朝天上踢，落下時再由其他小孩接著，踢得更高。閃閃發光的羽毛在好似琉璃融冰湖底的冬日天空迴轉又落下。秋田打從一開始就捨棄這般人間風情，只塗繪像是突然冒出來，有如魔法師戴的耳罩的雙塔，以及四周蕭瑟枯林。就像秋田自己說的，他不是因為喜歡繪畫而成為畫家，而是利用作畫時的放鬆狀態，想想身處難以實現的遙遠夢想與沾滿油污汗水的髒錢生活中，如何面對被壓得喘不過氣的每一天，無奈試圖解開糾結成一團的毛線，卻變得更糾結。

一想到這樣的男人為了這種事而奔波，就覺得於心不忍；但我知道像自己這般活得不切實際，還有家累，卻始終無法從地球上如此薄情、惡意的潮流中掙脫的傢伙，在他眼中肯定也令人哀憐。其實不只我們有此感受，就像彼此互瞅時，那般惋惜眼神與相依偎的心，以及任誰都有一出生就伴隨的痛苦，只能一邊活著，一邊設法為痛苦上色。正因為看見彼此的不幸與脆弱，同病相憐的彼此才能相互取暖。比我們晚些來到上海的他應該知道我在日本被排擠、冷落，接連不斷還鬧得愈來愈兇的惡名與譏諷。像他這麼單純的人就算能夠憐憫、悲傷一個人為何比別人更想對女人獻上純真心意，為了和女人一起去地獄旅行，不惜背棄友情與別人的好意，選擇自我毀滅的愚蠢行徑，也肯定無法感同身受。伸手援助快要溺水的人，是多麼值得讚揚的行為，但除非嘗過相同際遇、性格相仿，不然很難感同身受那種閉上雙眼，逐漸沉入沼底的感覺。其實地獄沒那麼可怕，對於擲骰子時總是手氣不順的人，還有面對他人的批評責難，選擇畏縮以對的膽小鬼，以及真心待人，卻永遠只會受傷的人來說，地獄與天國無異。唯有嘗過同樣的苦，才能明白男女之間為何只有吃掉彼此的一邊大腿與膽，搞得血肉模糊才能彰顯真愛，而極度缺乏這方面經驗的秋田就是個懂得趨吉避凶的正經年輕人；然而，他之所以對我們不離不棄，不僅僅是因為他那非比尋常的溫柔之心，也不單是因為我們都是貧困之人。「我的體內深植著七種不治之症，不如說是我的身體借給這些疾病築巢，多虧它們，我才得以存活。」秋田說出這番莫名其妙的話，話語中棲宿著難以言喻又不可思議的真切感受。簡而言之，就是一種只能把別人當作食物才能活下去的破滅感，一種沒有未來可言的同病相憐感；但我們三人中，只有她捨棄情人，走在奔向巴黎這條狹窄卻無比華麗，充滿未知的天堂路；但我明白她心目中的天堂是比現在更可怕的等活地獄，而我們的存在對於秋田來說，有如骯髒畫布上那些可能被誇飾過的東西吧。我們三人之間的關係就像被分別逼至絕境，只能變成單細胞的無機物般，倘若有個機會到來，不是期待彼此的關係出現什麼變化，而是像蒲公英的絨毛般四散紛飛；雖沒說出來，我們都心知肚明，所以任誰都不敢提起這本質，也很害怕有誰碰觸這件事。反正說穿了，倨傲盤踞在我們命運根底的東西就是金錢，所以不管是否願意，只要有工作就會接；但有一點不一樣，我和妻子可以把手伸進屎尿與污泥，身段柔軟到這般地步，但保有貴族氣質的秋田尚無法淪落至此。因為他沒有耐性理解縱使落魄也擁有身而為人的傲氣，但所有磨難對於我們來說，不過是人生的開端。當然，我們不會把他拖至和我們一樣的境地，也不會想介入他的人生太深。

待在蘇州的這段期間，秋田完成表面彷彿有層薄冰，偽裝無情的「雙塔寺」，也創作了一幅因為張繼的詩作「楓橋夜泊」而廣為日本人熟知的「寒山寺」畫作。寒山寺位於城郊一處非常荒僻的地方。白牆圍著的寺院內沒有廟堂之類的建築物，碎落中庭的瓦礫縫隙間冒出春日雜草，其中一面牆的角落有道通往鐘樓的階梯，踏板已然鬆脫，樓梯扶杆也搖搖晃晃，我們必須努力伸長脖子才看得到鐘在哪兒。比想像中小很多的吊鐘上頭有明顯裂痕，不覺得它會發出鐘聲。架在寺外小湖上平凡無奇的拱橋就是楓橋，橋上還殺風景地貼著「歡迎蔣主席」傳單。冒出新芽的垂柳下方繫著一葉扁舟，成了一處美景。另外一幅畫作是「滄浪亭」，或許這三幅呈現出來的成果有違秋田的本意，卻都是如同擦拭口紅的紙般，滲出鮮明情感的美麗畫作，證明是出自日本人之手的作品。

總之，這三幅畫由身為經紀人的我帶著，三人一起前往位於城南的日本領事館找買主。看起來日子過得頗無聊，上了年紀的領事很快便接見我們。閒聊三個鐘頭後，領事爽快買下畫作，但金額不是由他決定。妻子接過包好的錢，遞給我。他神情恬淡地和我們聊起上一任領事在浴室摔倒，身受重傷的慘事，以及他認識的某位領事前輩現在在南美擔任外交官的傳聞等；但我明白我們心中只在乎金額一事，所以我藉口上廁所，偷偷打開包裝的紙，有五張十美元紙鈔。趕緊回座的我站在領事身後，比了個五，妻子和秋田一起露出笑容。領事挑了最沒特色的「楓橋」這幅作品。要是有五十美元的話，我們就能在蘇州逍遙地待上一週。

那晚，我們一邊在城門外的餐館大啖滿是鴨掌的燉煮料理，還有放了許多鴨舌的湯品，一邊物色其他兩幅畫作的買主。無論是東洋堂還是藥房都因為中國人拒買日本商品的關係，實在沒餘裕出高價買畫，也得知就連旅館也因為觀光客驟減，瀕臨結束營業的危機。我們想到有個用太湖打撈的貝殼做成中國人很喜歡的鈕釦樣式，因而成功致富的工廠老闆網野一布。既然領事出價五十美元，網野老闆應該可以出價七十美元吧。要是一百美元，他應該也願意買單吧。我們就這樣打著如意算盤。要是網野老闆願意買下畫作的話，我們就能去揚州的金山寺、遊太湖一帶，搞不好還能從洞庭湖一路行至武昌、漢陽、赤壁。三人歡快暢聊，心都暖和了。

我們想去傳來鑼聲與梆子聲的劇場，但秋田對中國戲曲不感興趣，所以只有我和妻子去看戲。劇場正在上演名為「開天闢地」的歷史劇，當時以上海為中心，有齣名為「封神榜」，以周武王伐紂的中國歷史為背景的劇十分流行。這齣劇除了承襲傳統戲曲風格之外，也加入不少中國戲曲沒有的元素，像是變臉戲法、空中吊掛等，迄今未有的誇張表演，所以大受歡迎。一直都極富盛名的演員麒麟童飾演比干這角色，只見赤身裸體的他被縛在鮮紅銅柱上施刑（炮烙之刑），直至四肢筋骨盡成灰燼這一幕是最令觀眾瘋狂的高潮處。蘇州的戲曲多是取材自民間故事、神話傳說，像是共工氏、燧人氏之類不知是人神還是獸人的怪物，以異想天開的裝扮演出二十五、六萬年前的傳說，讓人得以享受一場顛覆常識的盛宴。觀劇時，熱毛巾在面前交相傳遞，包廂位前方的桌子上一般都會擺著熱茶，還有用高腳錫盤裝盛的點心，像是瓜子、菱角串、甜糯米糰子等。二十五萬年前的英雄、貞潔烈婦活躍的大劇可不是在世上任何地方都看得到。妻子除了愛看戲之外，只要一有空就會盯著綢緞店櫥窗裡的蘇州火焰緞子，深深為它的美麗駐足兩小時。

我們都會按照自己的想法，反應外在世界，試圖打造適合我們生活的世界。問題是，這世界不僅嚴苛，還會釋放有毒氣體，所以不是能堂堂面對的環境。每個人的人生都有自己的發酵醞釀過程，必須經過一段時間才能找到彼此都能接受的溝通方式，畢竟人與人之間本來就有許多需要磨合之處，無奈為這種事焦急的人往往只有自己，這是就算和達摩一樣面壁九年也無法開悟的事。橫亙在人與人之間的岩壁是跨越生死，歷經百萬年也屹立不搖，而我又是為何沉溺在秋田這男人的泥壺中呢？秋田穿著他弟弟用黃色粗毛線編織給他的毛衣沉睡著，不然就是加件中國風棉外套，好似在擔憂、尋求什麼似地走過蘇州城門，徘徊在倒映著有如油畫般街景的堀川岸邊，不像在煩惱籌錢一事，也沒什麼好惦念的舊情人。膽小鬼不相信革命能帶來豐衣足食的生活，揣想自己身上或許飄著一股腐臭味，沒有歸處的自己隨著拂過水面的風而飄蕩。難道唯有這樣才能活下去，抹去一時的悲傷嗎？秋田獨自造訪網野先生經營的工廠，網野先生碰巧不在，所以隔天我們三人騎驢再訪，結果凡事總往壞處想的我們還真的狠狠地碰了一鼻子灰。對於這時的我們來說，寧可被大雨淋得一身濕，也好過看著宛如新水桶倒置似的無垠青空，無奈現實的來龍去脈再清楚不過了。建議我陪同秋田登門造訪的上野山清貢，比我們早一步來蘇州拜訪網野先生。他把自己旅居蘇州時，精心繪製的近百號大的作品以八百日圓賣給網野先生，所以他有理由拒絕登門賣畫的我們。畢竟比起去年在日展獲獎，被譽為新銳畫家的上野山，就算秋田這個無名畫家一直以來並非抱著投機心態賣畫，遭到拒絕也是理所當然。

我知道秋田為了和張群會面，吃了不少苦頭。我不清楚秋田與張群的關係，但就我看來，張群似乎避不見面。問題是，兩人究竟有何過節？秋田有認真思考過這般淡泊到感覺沒什麼情分的關係嗎？還是明知如此的他就是想試探張群的意思呢？秋田之所以不多作解釋，或許是因為想炫耀早已深植體內的中國浪人風格的自大吧。總之，這般好奇心還是止步於思索，看到結果為妙。「究竟如何呢？」就算妻子追問，「這個嘛，我也不清楚，但這樣不是很好嗎？」我只能回答得模稜兩可。三匹驢子過了五龍橋，暫時漫無目的地走在突出於太湖，凹凸不平的褪色路面。她騎的那匹驢子走在最前頭，依舊邊走邊拉肚子。「那隻驢子已經下痢好一陣子了。到底有沒有給牠吃藥啊？」秋田問，「因為一直在工作，所以好不了。」秋田的馬夫回道。「先讓牠休息，治好毛病再工作不是比較好嗎？」「老爺，話是這麼說沒錯，但今天要是不讓牠工作的話，就活不到明天了，不是嗎？」馬夫詭辯。原來如此，我一想到這裡是誕生《公孫龍子》[1]的國度，就心生疑惑。馬走在前頭的驢子登上岩石，四隻腳在半空中滑啊滑的，妻子緊抓著驢子的背。馬夫們費了好大的勁，驢子才順利落地。一部分太湖波光粼粼，其他地方則是一片沉鈍的白，四處都有堆積廢物似的島探頭。那一帶有著出現在南畫裡，上頭盡是

1 戰國後期思想家公孫龍的著作，共十四篇，現僅存六篇。

遭蟲蛀出許多孔洞的奇形怪狀岩石。隔天，我們參觀完留園的庭園風光後，因為怕手邊的錢花光，決定返回上海。三人有如身形瘦削的驢子，返回餘慶坊的石丸家，秋田從那晚開始似乎因為疲勞過度，發高燒，一動也不動地躺在樓下和式房間的洋風櫃子前。一如莊子所言，當風吹過樹洞會發出各種聲音，秋田的鼻子、喉頭與胸部發出咻咻聲，我知道他的體內正颳起風暴；雖是一趟短短旅程，上海卻有諸多事情等待我們，其中之一就是領事館警察突然登門搜索，還發生三次狙擊事件。

火焰蛋白石之卷

爽快決定從蘇州返回上海的我們萌生慾望，想去一探城外的天平山。因為多是坡道，所以我們坐在用長棍扛起的轎子上，一路搖啊晃的花了近半天抵達目的地。天平山這名字聽來莊嚴，其實是沒長什麼樹的裸丘，丘上有座寺院。我們圍坐桌前休憩時，小和尚依例端來一壺清香的茶與一盤瓜子；不過，來到這裡有個意外收穫，那就是碰巧遇上中國電影公司來此出外景。拍的是一部現代電影，且背景是軍國時期，飾演青年上校的男主角妝容濃豔，正在拍攝一場以美國電影為藍本，女演員的口紅在上校臉上留下紅印的親熱戲。只見一群地痞流氓似的敵軍追至，滾落山丘的男主角必須力持鎮定，指揮若定才行。秋田看得捧腹大笑，我頻頻輕撞他的手臂，提醒他別這樣。有些演員還不忘從蒸籠、食盒拿些東西往嘴裡塞，看來抱著半分玩心拍片的他們比遵從社會常規的日本人過得愜意多了。一旁的雜役們吵嚷喧鬧，甚至隨意走動，被像是導演的人追著跑，讓人不免擔心電影還拍得下去嗎？這部描述當時揮軍北上的蔣介石主席連戰皆捷，歌頌正義與解放的電影，和我在上海大世界看過兩、三次的電影內容大同小異。

要是有時間仔細遊覽古都蘇州的話，就會發現名勝古跡多不勝數，無奈我們這方面的知識淺薄，只能走馬看花。隔天一早，我們搭上開往上海的汽車，於日頭高掛時抵達北站。回到餘慶坊，得知兩三天前領事館警察登門搜索。於是秋田與我，以及任職汽車公司的中尾決定隔天去領事館抗議。無政府主義者中尾一派氣勢洶洶地要同行，本想興師問罪，但想想要是因此成了滋事份子，反而給生活帶來諸多不便，所以我們決定讓重聽的秋田獨自前去，心平氣和的詢問登門搜索一事，再視對方的回應，商量如何應付。沒想到旅行回來後就遇上麻煩事，也許是因為我印書，所以領事館前來搜索證據，扣押證物，不然我實在想不出還有什麼理由促使他們這麼做，辣椒婆婆也這麼覺得。沒想到秋田因為旅途疲累而病倒，躺在一樓石丸婆婆的和式房間裡那個西式大櫃子前的他，喉嚨、鼻子發出像是遭暴風雨摧殘的森林呼嘯聲，吼吼～咻咻～還不時摻雜風笛似的嗶嗶聲，滑稽到讓人忘了生病的他很可憐。

領事館警察沒再上門，應該說，隨著時光流逝逐漸淡忘那場莫名其妙的搜索行動，即使偶爾想起來也沒那麼在意。某天早上，秋田嚴重吐血。其實這種事也沒什麼大不了，總之我和妻子、石丸婆婆以及其他房客、六三園的藝人福壽，已經不在乎東西衛不衛生、乾不乾淨，畢竟習慣骯髒是常態的上海生活，要是不習慣瞧見下身裸露，在地上爬行討乞的乞丐，在意店小二的手指伸進湯碗，就無法在這裡生活吧。不過我這個人啊，天生就對不乾淨的東西感興趣，與潔癖一詞無緣，所以我從小就常做出讓大人蹙眉的行為，還覺得很好玩，非得逼到別人受不了，別過臉才肯罷休；雖然現在的我是個還算能言善道，大方在人前表達自我想法的人，但其實以往的我就連面對朋友也從沒敞開心房。因為我覺得這麼做會失去自己好不容易得手的寶物，只會留下被玷污的後悔，所以我吝於談論自己的事。我二十幾歲時的情人，是個靠著做商品封裝工作，總算能夠自食其力的單親長女。我們交往半年後，總算有機會在牛込神社的庭園接吻。感覺肉體已被情慾驅使，彼此的唇緊貼著，大量溫熱東西流入我的口中，差點嗆出來。這般親密行為促使她咯血，所以那時的我吞了不少血，卻因為愛著對方，所以不在意是否會被傳染，真不知這般莫名自信究竟從何而來。後來，我把這件事寫成名為〈波斯菊之宿〉的小品文，收錄於詩集《水之流浪》的卷末。我曾和罹患肺結核的朋友同住近半年，也曾共啖一鍋，卻未遭病菌侵害。

經歷過這些事的我盡心照料患病的秋田，煎著石丸婆婆買來的中藥，用小刀削著設法弄來的壯陽物（動物的那話兒），神經質的秋田問了句：「這是什麼？」我用大腿夾住他的頭，回道：「別問了。喝下去就對了。」硬是掰開他的嘴餵藥。妻子一臉驚訝地瞅著我，其實早在我們在一起之前，我就見過好幾回這種眼神；儘管我不相信那些朋友真的順從我的強迫，放棄似的閉上眼，但就像我已經習慣上海的生活，他們也對我的所作所為見怪不怪。石丸婆婆也湊過來，還真是個怪女人。只見婆婆挺著從脖子到胸部像是擦破皮似的泛紅肌膚，骨瘦嶙峋的身子，喚道：「秋田啊！二樓太擠了。今晚我就睡你旁邊。你要有所覺悟，我晚上可是會爬到你身邊哦！」隨即在秋田身旁鋪上被褥。秋田痛苦得不停呻吟，但北海道人與生俱來的多愁善感與潔癖促使他抓著洋風櫃子，哀求道：「婆婆，妳去那邊睡啦！」在我身旁的妻子倒是一臉擔心地說；「我不明白婆婆這麼做是什麼意思啦！還是我們把床讓出來，給妳睡呢？」「待時機成熟後再撲上去也不遲。哎呀！開玩笑啦！」這麼說的我其實也不敢確定是否真的是玩笑話，畢竟我不明白住在上海的長崎人到底在想什麼。在裡面小房間聚賭的那群人都是些搞不清楚自己有幾兩重的無賴傢伙，只見他們一邊玩六百間[1]，一邊輪流對在場唯一的女性，看樣子應該是餐館老闆娘的四十來歲女子毛手毛腳。看來這些人八成會徹夜賭輸贏，所以想到供給他們賭資的石丸婆婆搞不好又情緒爆發，鬧著攆人，我們勢必得竭力安撫才行，結果我擔心得一晚沒闔眼。秋田那像笙又似篳篥的氣息聲從未停歇，就這樣相安無事到天明。

秋田的狀況讓我越來越擔心。什麼張群、骷髏杯都不重要了。還是趕快送他回日本比較好。我明白他為了籌錢一事有多麼辛勞，就像山芋竟然變成鰻魚般，所有不可能發生的事都發生了。一連串的挫折令他身心俱疲，結果只能和形同無賴的無政府主義者，滿口吹噓的傢伙打交道。「秋田萬一有個三長兩短，是要葬在上海，還是化成骨灰送回日本呢？這種事對日本人來說，也是因人而異嗎？」石丸婆婆這番話雖然觸霉頭，但她也是出於好意，擔心之後的事。「雖然情況不妙，但這傢伙不會死，現在不是說這種事情的時候。」遭我斥責。回到上海後，盡是遭遇莫名其妙的事，搞得我心煩意亂。

最初是在狄思威路遇到倒楣事，當時路上行人不多，我被三個拚命逃跑的中國小偷撞個正著。只見有個鬍子濃密，身形魁梧，長得很像達摩祖師的孟加拉警察一路追捕，還朝他們連續開槍，害我也差點成了槍下冤魂。第二次是在租界外一處危險地區被無賴漢車夫夥同四、五個同伴團團圍住，趁他們撿拾我撒在地上的銅幣，趕緊脫逃。無奈不熟悉那地方，只好沿著一邊是工廠土牆的溪邊小路狂奔，沒想到就在越過小溪時遭狙擊。起先我沒注意，只是拚命狂奔，直到發現腳邊石頭出現火花四濺，才赫然驚覺。我就像戲裡演的挑夫般踩著拍子，飛也似的躲子彈，總算逃到一處有公車行駛，行人如織的街道，這才鬆了一口氣。我不記得自己犯了什麼招人怨恨的過錯，所以結論就是對方肯定認錯人，我也沒向誰提過這件事。可能因為我是日本人，所以槍殺我，也可能只是把我當打靶對象吧。總之，實在想不透為何狙擊我。後來又有一次，這次明顯是我太冒失。有個自稱是虛無主義者，名叫阿部的男子在當時位於北四川路，一處名為「Moon Palace」（月宮殿）的聲色場所附近攬客。不管對方是哪一國人，就是死纏爛打地跟著，

1 兩人或三人玩的紙牌遊戲。

還一邊嚷嚷：「一發只要一日圓。」就在我照他說的後巷尋找廣東妓女的小屋時，有戶英國人的住家恰巧大門敞開，結果糊塗闖入的我被這家女主人誤以為是賊，霎時槍聲大作，我根本來不及向一邊大喊，衝出來的屋主解釋，只能落荒而逃。這件是因為明白原因，也就較為釋懷，但短短一個月就遇到三次這種事情，「要是有很多人說上海是個危險地方，可就傷腦筋了。這世界再也沒有像上海這般住起來舒適又安全的地方。」不敢苟同窩在小屋的那群傢伙說的這番話。住起來確實還算舒適，但動不動就可以聽到槍聲，實在稱不上安全。

就在這件事發生後不久，不知從哪兒聽聞我返回上海的鼻助悄悄從後門走進來。我一看到那張臉就曉得他的來意，而且對我來說，也算是雪中送炭。不用說，他是來看看我手邊還剩下多少不正經的手作商品。

「是你去向領事館告發這種無聊事吧。結果他們趁我不在時來搜查，石丸婆婆還因此嚇得心臟病發。你知道自己幹的事給大家添了多大麻煩嗎？」

我知道應該不是鼻助告發的，但可悲的是，不能被像他這樣的男人給騙了。所以要是不裝腔作勢地下馬威就會被他看扁。只見鼻助雙眼圓瞠，一臉詫異，狡猾地皺起鼻子，試圖揣測什麼似地窺看我的臉。

「好了。夠了。你不是那種人啦！不會蠢到曉得我這邊有貨，還把這些貨交給領事館。想說你差不多該跟我談下一筆生意了。如何？我沒說錯吧。問題是，我們始終沒談妥價碼。況且有人和你做同樣的買賣，我當然會和有利於我的一方合作。」

「你不可能比我還清楚這圈子的情形，這圈子沒有我不認識的傢伙，況且買家也已經……」

「看來你的世界可真狹小啊，只著眼於賣家。又不是只有上海可賣，滿洲、新加坡，多的是可以找到買家的地方。目前就有不少人來找我談這方面的事，而且要是沒有一千、二千的量，根本很難談下去，哪像你還在就剩下的數量這種雞毛蒜皮之事打轉。」

「真的嗎？是須田嗎？還是戶山？想想還真是不可思議啊！金子先生分明就是個精明的生意人。你想想，這工作本來就是委託我，卻被別人奪走……」

「那你去向領事館告發，不就得了。」

如此一來一往的結果，剩下的書量以五十美元成交。鼻助要是隔天沒備妥款項來取書的話，就由其他競爭者接手。我擔心他根本籌不到這金額，一直等到晚上十一點左右，鼻助才姍姍來遲，把籌到的三十八弗攤在我面前。我一邊抱怨，把書遞給他。他瞧見書籍受潮部分出現黴斑，趕緊討價還價，想以三十五弗成交，但我以他沒籌措到約定的金額為由拒絕，最後雙方折衷妥協。

拿到一筆錢的我勸說想去湖北旅遊的秋田暫時回國，好好休養再回來，不然罹患結核病的他要是繼續待在這裡，無疑形同自殺。我還拜託北四川路上的福民醫院年輕醫師勸他快回國休養。扣除自己手邊留的一點錢，加上賣書的錢，勉強湊足讓他從上海出發，前往東京的旅費。

秋田決定搭乘三天後開船的「上海丸」，收下我拜託來的船票。待人處事始終誠懇，不走偏路的他值得擁有這般情誼。我和妻子在淮山碼頭為他送行，當夜間啟航的船響起沉鈍汽笛聲，我們坐在碼頭的木樁上，目送船身遠去，直到被木造帆船的破爛船帆遮蔽視線為止。

「看來和那傢伙再也見不到面了吧。」我說。

我們這趟旅程還得再花上五年、十年吧。而秋田的身子搞不好只能撐個兩、三年。我的眼裡積著像是淚水的東西，近來從沒如此傷感過。

「就是啊。」

她也哽咽。

「妳喜歡上那傢伙，是吧？感覺好像是。」

並未急著否認的妻子佯裝沒聽見，茫然凝視昏暗遠方。我很後悔怎麼沒當著秋田的面說出這件事，因為很想看看善良日本人的他一副不知所措的傷神模樣。看他叫了兩輛黃包車，她坐在他的膝上，而不是和我同車時的表情，我便心知肚明了。再也沒有比這時讓我覺得自己的女人離自己好遠，至少這是近來從未有過的真實刺激；畢竟對她來說，我不過是眾多男人中的其中一個。晚春的夜晚宛如帶有劇毒的蝮蛇咬痕般血紅，摻雜著愛情的殺意是如此刺痛，黃浦江波光粼粼，對岸浦東的大長城香菸廣告燈在一片視線模糊中，彷彿化膿似的映入眼簾。自己和他人的死亡氣息悲傷地爬上水面，親密地擴散開來。就連她抽的菸都飄散著新的死亡期待；雖然憧憬今後的人生有如脫殼般光榮死去，但現在想想，這樣的我之所以有此想法，無疑是心態還很年輕的證明。隨著忙於卸貨的苦力們越聚越多，粗粗的安全繩逐一解開拋向水面，傳來激烈的水花四濺聲，聽起來好似站在碼頭邊的男子不小心墜海的聲音。一如她對東京小情人的那般感覺，再也沒有如此令人刻骨銘心的感受。彷彿別人的戀情就是我的戀情，只能說切身的痛楚是春夜妒意設的陷阱。

我們回到北四川路下榻的地方，瞧見信箱裡有封厚厚的信，原來是她的情人寄來的。只見妻子狼狽地奪走我手上的信。除了信之外，還有一張作為詩集封面的三匹傀儡馬之圖，這張出自小情人的手繪圖，洋溢著我沒有的新時代情感。她一直都想出版自己的詩集，我那時才知道原來這件事已在上海與東京之間悄悄醞釀。而她的這位小情人跟隨時勢，原本信奉巴枯寧轉而崇尚馬克思。我也是那時才知道她選擇跟我來上海，放棄小情人的這段三角關係所積累的怨恨化成一大疊書信。詩稿收錄她對孩子依戀不捨的歌詞，以及名為「成了焦炭的心臟」這首描寫愛情的長詩。出於莫名的較勁心態，我決定在上海親手完成她的心願，遂找內山先生商量發行、印刷等細節，內山先生很快便介紹我認識名列《旅居中國的日本人名冊》的島津四十起[2]。一如他的名字，四十歲矢志重啟人生的他和比我還早造訪中國的佐藤春夫有交情，最為人津津樂道的逸事就是他成了春夫的小說《老書生》的主人翁。已經不太記得他住在上海哪一帶，好像是位於北四川路盡頭一處舊城區的邊陲，走進宛如通往地窖的狹窄入口，必須小心翼翼行走以免碰觸到兩旁密密麻麻的活字框，委實麻煩又辛苦。告知來意後，他說已經和內山先生通過電話，我趕緊出示原稿，兩人就紙張與號數之類的問題商議。他說剛好其他工作告一段落，所以像這樣類似手冊的薄薄一本詩集不到一個月便能製作完成。四十起本來是俳人，移居上海後從事印刷業，一年有泰半時間都在中國各地旅遊，主要收入是承包商店、公司行號和銀行的名冊，以及刊登在名冊上的大、小廣告收入。身形瘦削的好似足長島的菸管筒，雙眼凹陷，看樣子就是個頑固老者；但他那率直、不矯作的個性果然很對佐藤的胃口。他那年紀相仿的妻子端來茶水，四十起抬了抬下巴示意擱著就行，並未向我介紹他的另一半，可說根本無視她的

2 本名島津長次郎，一八七一年生於兵庫縣淡路島。二十八歲那年前往上海發展，碧桐派詩人，也是俳人。

存在，甚至嫌礙眼似的斜睨一眼，要她趕緊離開。我心想，還是第一次遇上這種人；不過耳聞關於他的傳言，男主人總是不在的島津家雇了一個幫忙印刷事務的年輕學生，結果居然和他老婆漸生情愫。旅行回來的島津從別人口中得知這件事，趕緊攆走這個年輕人，但因為顧慮孩子，所以沒和妻子離婚，卻從此對她不理不睬，如此令人窒息的婚姻生活已經持續好幾年。那時因為什麼話題，觸及此事的我說：「別管以往發生什麼事，要是到現在還這麼嚥不下這口氣，只是過著讓彼此不愉快的無趣日子，不是嗎？」只見他抬起禿鷹似的脖子，回道：「我絕對不會原諒那個老狐狸，要她一輩子給我做牛做馬，償還罪過。我要是像你這麼年輕，肯定馬上離婚，要她滾出去，但這麼做太便宜那女人了。對了，聽說你老婆也和男人糾纏不清，你明明還這麼年輕，為什麼不乾脆攆她走，還幫她出版這種大方向情人示愛的書？莫非有什麼難言之隱？」

他一副像要把人給吃了的氣勢，瞧見沒料到被反擊的我一臉怔，便說道：

「我說你啊，就和她分了吧。我剛好想到一個不錯的對象。她之前在滿洲當藝妓，長得好看，又是才女，也會作俳句，算是我的門生。你要是有這意思的話，先看看照片，中意的話，再安排你們見面。我想你應該也吃了不少苦，要找個能夠白頭偕老，珍惜你的人就是她了。」

他一派逕自決定好的模樣，我趕緊說：

「等等。也許你會這麼做，但我有自己的原則和想法。」

我趕緊制止他的自作主張，「我認為女人和男人一樣，也會情不自禁愛上別的男人，所以要求女人不能這麼做，真的很不公平。要是有本事，和三個人、十個人搞都無所謂，但影響到我的生活就鬱悶了……」

「沒錯、沒錯。近來似乎常聽到這種事，你也真的這麼認為嗎？」

他一臉同情地看著我。「好像是叫『紅色戀情』吧。近來頗流行……中國的文人也深受影響呢！」

「不管在哪個國家，這種事越來越見怪不怪了。男女之間的關係本就如此，也是沒辦法的事。夫婦之間的美好關係頂多維持三年，長則七年，再來就靠惰性了。所以要是能夠『change de cavalier』的話，人生也會比現在多點樂趣，不是嗎？」

那時的我莫名起勁地直戳老書生島津的痛處，四十起也賭上自身面子，臉色時而蒼白，時而漲紅地反駁我的說法。末了，不想再爭辯下去的我起身，連一句招呼也不打，迅速走過兩旁都是活字的狹窄通道，步出店門。畢竟再爭論下去只會吵架，而且我早已飢腸轆轆。狄思威路的天空飄著棗紅色的雲，櫻花散落後的日本人宅邸二樓窗戶映著夕陽，成了熔爐般的紅。傍晚的空氣清爽宜人。一想到島津四十起那張漲紅的臉，一直以來支配著我的彆扭情緒霎時瓦解，只覺得心情舒暢。趁著這般近來難得的好心情，我那被欺凌，只能咬牙隱忍的情緒得以宣洩，不由得伸了個懶腰。對於自己失了從容，竟然沒意識到自身有個能被敵人攻破的明確弱點，只覺得可笑。我一邊大言不慚地說：「change de cavalier」這種生活方式也沒什麼不好，卻拚命拴住一個女人，想盡辦法拆散她和年輕情人，這般自露馬腳的難堪行徑是該遭受批評，只可惜我們的交情還沒深到讓我可以全然接受他的指責。我無法壓抑想折返告知敵人，自己的弱點究竟是什麼的奇怪衝動，只好在夕照下的大樓形成的紫色陰影處徘徊。不知不覺間，我站在刊載於《旅居中國的日本人名冊》上的「金風社」招牌，我窺看著尚未開燈的屋內。此時，島津老書生找到我，站在我面前。

「忘了什麼東西嗎？」我問。

我看著他那已收起激動情緒，一派商人模樣的面容，明白不必再多說什麼了。

「印書一事就麻煩你了。」

「我會盡力。」

低頭行禮的他說道。我像要把這番話當作耳邊風似的，飛也似地離去。沿著北四川路來到橫濱橋一帶後又往回走，順道去餘慶坊約她一起去申江樓菜館二樓吃頓簡單的晚餐。出版詩集一事令她十分歡喜，我不想和潛藏在這般歡喜底下的另一個人影計較。步下樓梯的我偷偷親吻她那決心揮別過往而剪了還不到一年，長度至領口的短髮。她在店門口和我道別後，前往哈斯凱爾路附近一間英國人開的舞蹈教室學習國標舞。再也沒有比芳心另有所屬的女人那有如無價寶石的光輝、閃爍刀鋒般剜人心扉。

啟程

我之所以會對島津四十起這般應該給予安慰、憐憫的人，心生惡意，可能是因為他那死不示弱，努力隱藏真心的滑稽模樣更顯可悲吧。儘管手邊還有《梅什金公爵與雀》的原稿要交給他處理，我還是隔了三、四天才去找這位老者。很少把時間浪費在自己不感興趣之人身上的我試著追溯從幼時一路走來的記憶，發現自己的骨子裡確實有著如此討厭的毅力與耐性。其實我早就強烈意識到這個討厭的人格特質，只是小心翼翼地不被別人識破而已，佯裝通曉事理的親切之人，竭力塑造這形象，予人一種可靠感。再者，像我這種反覆無常，缺乏真心的傢伙不過是把親切這詞玩弄於股掌間罷了；不過，有時真的很親切就是了。還會不時被自己無意識的善意哄騙，覺得自己也許不是那麼卑劣的人。結果，島津快手快腳地不到半個月便弄好她這本薄薄的書。書完成時，我對他說：「謝謝你這麼快就弄好這本書，但一想到今後就沒理由登門造訪，覺得有點寂寞呢！」老者回道：「別這麼說，就是因為事情完成了。今後才能對等往來囉。」他又提起滿洲藝妓的事，再次碰面時還帶照片給我看。照片裡端坐著的她穿著表演用的和服，細長臉蛋，算是古典美人吧。頗有賢妻良母的樣子，和我這等無賴之徒著實不配，但還是有著想把她從滿洲接來的衝動。其實讓這種女子適應無賴之徒的生活也非毫無趣味可言；試想，當她飽嘗許多苦，最後卻失意返鄉（因為她生於滿洲）時，與其說我想一嘗讓她傾盡所有的愛，到頭來卻是一場空的喜悅，不如說是想考驗自己的能耐；雖然想讓島津誤以為我吃他這一套，但我的傲脾氣助我打消念頭。身為長輩的他果然拿不太當一回事的我沒辦法，這件事就這麼算了。但他還是不死心地要我長住中國，幫忙處理《旅居中國的日本人名冊》。移居上海的年輕異鄉客居然比我這種人更不值得信任，還真令人詫異；雖然我也不是什麼可靠傢伙，但就算為錢愁困也不會受人蠱惑而走險，也沒貪婪到盡想些旁門左道的方法，或許看在吃過不少悶虧的島津眼裡，我這種凡事恬淡以對的態度才值得信賴吧。搞不好是我這個初來上海的二愣子，成了老謀深算老上海的獵物，看來這似乎是一條只要工作，學得狡獪些，便能成為有頭有臉之人的途徑；問題是落腳上海的大抵是不習慣在日本的生活，骨子裡就是定不下來的人；說得好聽一點，就是崇尚虛無主義、大正時代培養出來的懶人，明明連放屁的氣力都沒有，卻是個狂妄的麻煩傢伙，想使壞又沒膽量，只能靠三不五時小賭、當舞女的小白臉過活。總之，各種傢伙像袋蛛般在這處奇異之地的角落築巢。

想盡辦法送秋田義一回日本後，餘慶坊一二三巷的石丸家，有時宛如賭場，有時又像青鳥、桃山舞女的小窩，有時又冷冷清清，不然就是熱鬧得恍如遊樂場，而且我們夫婦倆總是主角。辣椒婆婆則是愈活愈糊塗，成天歡喜度日之餘又抑制不了貪欲，結果就是成了眾人小賭的犧牲品，我們也被迫成天聽她抱怨自己被同樣來自島原的狡猾老同鄉們欺負；說實在的，我們很討厭聽人家抱怨這種無關己事的小紛爭。

當六三園的新吉原花園栽植的櫻花開始凋謝時，雖然氣溫比日本稍寒，卻嗅得到春日氣息。在寶山玻璃廠工作的吹玻璃工匠高田於某天突然來訪，其實我們已經好幾個月未見，久到妻子和石丸婆婆幾乎忘了他的長相。直到他提及玻璃工廠，才猛然想起。

「另一位先生呢？」他似乎是來找秋田，聽聞他已回日本，頓時頗失望的樣子。除了想見秋田之外，也是因為無法見著骷髏杯而覺得遺憾，一直在提這件事，似乎捨不得離去。

「那件事到底進行得如何了？」

被我這麼一問，只見他連口氣都變得有活力多了。

「因為我也得回日本一趟，所以想說回去前把我做的骷髏杯給你和秋田先生過目，可惜秋田先生回日本了。但至少也要給你看看才行。」

這麼說的高田雙頰泛紅，甚為激動的樣子，簡直與方才判若兩人。

「身體哪裡不舒服嗎？」我問。

「不是的，只是覺得最近諸事不順，鬼魂始終纏著我，讓我覺得很痛苦。」

我想像他照我所言盜墓，結果因此神經衰弱，一股衝動驅使我迫切想知道事情始末。

「原來如此，你還真的照做啊。一開始就進行得很順利嗎？這可是需要下很大決心呢！盜墓一事不僅觸法，中國人相信盜墓者會被鬼魂糾纏。我不相信這種事，只是聽過好幾次這說法。」

吹玻璃工匠挨近火盆取暖。再也沒有比瞧見愚不可及的畏縮模樣更令人雀躍的事。他那為了硬是鑽進狹小洞穴，不斷迫使自己縮得跟顆豆子沒兩樣的痛苦模樣實在可憐；而且果然如我所想，他就是個衝動之人。總之，我想先弄清楚這男的身家背景；原來他父親在橫濱經商，祖父那一代經營生絲買賣，所以自小家境優渥；雖然度過開化先驅般的童年時期，無奈日本人終究是日本人，腦子裡似乎還是塞滿饅頭餡似的迷惘。

我想從他嘴裡聽聞的並非盜墓時是否深受良心呵責、如何自我克服，而是那時的實際情況。用的是中國的鋤頭？還是鏟子？「我用的是新買的鏟子。」他毫不猶豫地回道。時間是傍晚時分，地點是位於北郊的河渠邊，名為「殷行鎮」一帶的田野。這裡是接近長江口，望得到黃浦江，一處人跡罕至，以枯萎到只剩莖的菜花為背景的地方。因為並非播種期，也非收割期，所以不會有人在這種地方徘徊。任教藝術大學的陳先生住在附近的江灣，他們家屢遭盜賊侵門踏戶，促使從日本遠嫁來此的陳太太嚇到精神衰弱，每次去他家拜訪時，她都向我們哭訴。那一帶確實不太安全，聽說後來上海事變爆發時，住在那一帶的有錢人家頻遭砲彈與暴民襲擊，景況悽慘。總之，正逢大難之時，那裡絕對不是獨自一人或兩個人同行能夠平安來去的地方。吹玻璃工匠高田就是算準一般人不會去那種地方，所以挑那裡下手。農家的墳墓多是有屋頂，灰泥牆，有如低矮小屋的模樣；而且之所以葬於田埂旁，可能是中國人體現即便親人已逝，也永遠是一家人的精神吧。當然，也是深受儒家思想影響，以及道教、佛教強調的慎終追遠。之所以將一輩子的錢財賭在一口棺木上，也是為了在黃泉世界好過些。小孩子的棺木比較小，所以一看便知。揮著鏟子的高田其實沒費多大勁兒，因為野狗早已掘出屍體，啃咬腐肉，殘渣撒得一地都是，所以他只需撿拾自己想要的東西就行了。雖然性別不好判別，但挑選破損少、看起來挺新的就對了。高田說他因為沒找到滿意的東西，所以又去了兩三趟。盡量找那種看起來頭皮、腐肉尚存，剛下葬不久的屍體，然後帶回家，避人耳目地關燈、大門上鎖，在黑暗中用刀子刮除沾滿泥土的臟器，不用的部分扔進桶子，倒入河裡，反覆進行這般作業。到了第三天，總算順利用鋸子把骷髏頭切割成杯狀，再用砂紙小心翼翼琢磨細節部分，所以摸起來觸感良好。讓人憶起睡覺時抱著毛毯，身子也跟著變暖的親密感，感受到彷彿藉由自己的手，喚醒亡魂的樂趣。高田撫著小小的頭顱，眼看就要完成骷髏杯的喜悅讓他忘卻其他煩心事。就在骷髏杯即將完成時，卻遭遇意想不到的阻礙，結果因為此事煩惱不已的高田遲遲無法完成骷髏杯，這才來找我商量。

「不管怎麼說，都已經進行到這般程度，應該沒問題，不是嗎？」

我這番鼓勵話語讓年紀輕輕卻有點禿頭的高田頻頻撫額。

「這事沒那麼簡單。如果可以的話，我想把那顆骷髏頭放回原地。」

他嗓音低沉地回道。

「難不成被小孩的鬼魂糾纏？」

「是啊。怎麼說呢？這事頗詭異。每次抱著那東西，就感受到一股好重的濕氣。明明已是初春，卻冷得直打哆嗦，怎麼會這樣呢？」

「誰叫你要抱著那種東西睡覺。那樣怎麼可能去除得了濕氣，這可是常識。」

「是喔。是這樣嗎？」

「是啊。沒曬乾怎麼行，至少要讓那東西在陽光下裡裡外外曬上一、兩個月才行。」

「我試著把那東西擺在桌上，一關燈竟然發出燐光，看起來真的很詭異。現在是擺在櫃子上，但還是覺得毛毛的，真的無法再和那東西共處一室。」

「聽你這麼說，覺得我也必須負一半責任。若要把那東西放回棺木，我陪你一起去吧。但你要是想擁有那東西，就得更有膽量才行，不能想說它是骷髏頭什麼的。」

「我已經盡最大努力了。如果你願意接手這東西的話，我很樂意割愛。」

「是秋田喜歡收藏那種東西，我可沒興趣。當然，要是心愛女人的骷髏頭，可就另當別論。況且我不覺得冒出鬼火的骷髏頭有什麼好稀奇的，還是乾脆扔進河裡，如何？我有個名叫辻潤的老友，喝得爛醉的他捧著母親的骨灰罈回家時，一不小心跌入水溝，骨灰罈就這樣不見了。他就是那種東西常忘在電車置物架上的傢伙。」

話雖如此，瞧他一副可憐兮兮樣，讓我忍不住掏出佛心，於是那天晚上我陪他去了趟殷行鎮。原來如此，一顆孩童的骷髏頭擺在他那昏暗的紅磚屋裡，的確看起來冒著熊熊鬼火。「原來如此，這可不是擺在家裡欣賞的東西啊。」我不由得心生同情。因為他也不想要這東西，所以我只好幫忙把用報紙包好的骷髏頭塞進柳條編成的舊桶子裡。走了一大段路，即將抵達目的地時，已是天空斜掛春夜裡常見的弦月，一股春日嬌媚氣息刺鼻的寒冷傍晚。這時節的江南，各種東西的味道最是刺激，好比萌芽的草香混雜著肥料與臭水溝的臭氣，致使空氣中飄著一股難以形容的味道。沒想到我們靠著手電筒照明，一路前行的這條路濕滑難行，雙腳不時陷入爛泥中，卻一點也不覺得苦。我一邊唸誦山東京傳[1]創作的傳奇小說裡提及的「頓證菩提」經文，一邊照高田說的，掘起棺木下方的軟土，把東西塞進去時，「不對，也許是在那邊吧。畢竟都一個樣，而且連個標示也沒有……」他說。「這樣就行了，不是嗎？」我催促個性一板一眼的他趕快離開這地方。之後四、五十年，沒再見過這位吹玻璃的年輕人，其實不只他，一百人中至少有八、九十人皆是音訊全無，像我們這種從年輕時代就漂泊慣了的人大抵都是這般命運，沒什麼思鄉情懷，也沒什麼特別想再見上一面的人，這也是存活至今的一種生存之道。

總覺得來上海後，日子過得渾渾噩噩，除了不時關心一下遠在長崎妻子娘家的兒子近況，我們與日本那邊幾乎斷了消息。忘了是誰把當時《每日新聞》文學專欄有篇關於詩壇現況的文章給我看，文末竟寫道：「奇怪的是，沒人知曉金子光晴是生是死。」後來過了些時候，有人說看到我在印度打爵士鼓，我一看就知道是匿名寫的文章；還聽聞室生犀星發表新作，但我沒看他寫的這部小說。總之，我沒什麼必須回日本的理由，卻也覺得國外生活沒那麼有魅力，反正我本來就不是幹得了大事的人，所以能苟活至今還真是不可思議。其實不只我如此，人際關係是很妙的東西，總是不斷有新關係迸出來，也總是被意想不到的命運牽著走。目前讓我最掛心的是為了籌措日後的旅費，必須著手進行畫展一事。我幼時曾跟隨師事京都畫家日圭習畫的貧困畫家百圭，學習四条派[2]畫技。來到東京後，受教於住在牛込郵政博物館附近的版畫家小林清親[3]；之後以自我流派考進上野的

1 一七六一—一八一六年，江戶後期的戲曲家、浮世繪師。

2 日本畫壇的一大派別。江戶時代中期左右，由吳春（松村月溪）創立，岡本豊彥與松村景文發揚光大，成為京都畫壇一大勢力。

3 一八四七—一九一五年，明治時代的浮士繪師、諷刺畫畫家。

東京美術學校修習日本畫，無奈不久便退學。畢竟在學期間連一幅畫也沒繳交，每個月的學費都浪費在其他用途，加上幾乎沒到校上課，也就沒理由繼續待在學校；但因為我跟著清親學習的是畫風較為奇特的風俗畫，所以也有些青睞者。我摸索出以廣重風格描繪上海名勝百景的趣意，遂用半紙大的畫仙紙創作了五幅、十幅作品。旅居餘慶坊，開始描繪上海百景時，揮毫用的三枝狼毫筆是友人從安徽帶給我的伴手禮。郁達夫和他的年輕妻子邀請我們去他們位於法租界的住所，也是在那裡接觸麻將這玩意兒。郁君喜歡出遊，也很中意像我這種無害卻也沒什麼益處的朋友。他的妻子和三千代一樣也是就讀師範學校，所以頗談得來；雖然盛情約我們一起去普陀山遊玩，但考量我們的經濟狀況，這趟旅費勢必得由他們負擔，只好婉拒盛情邀約。還有一件事，有個名叫黃白微的女文人是三千代就讀東京女子高等師範的同學。某天，郁君帶我們去一間位於二樓的小房間，探訪這位久病不癒的老同學。她不是長得不美，就是病懨懨的，面色十分憔悴。當時她在中國文壇已小有名氣。

「她啊，雖然生病，可是在文壇發展得很好，算是因禍得福吧。」回程路上，郁君突然這麼說。「原來如此，所以中國文人多是病菌帶原者啊。」我說。郁君似乎以為我是在說他，沉默不語。約莫半個月後，走起路來有點一跛一跛的黃女士帶著一位姓柳的青年登門造訪。她向我們介紹自己在廣東九死一生時，幸得這位青年出手相助。「所以，你們現在是什麼關係呢？」三千代問。只見黃女士一臉害羞，「什麼關係呀！也不是誰先握住對方的手，就是握住不放囉。」挺乾脆地回道。若以從前的文人來比喻，女方的容貌雖有些憔悴，卻有著卓文君的才智，加上幾分優雅感，可惜男方沒有司馬相如的堂堂氣勢，所以依我看來，兩人實在不匹配。

畫作泰半完成時，正值初夏，竟有來自東京的稀客造訪，那就是詩人佐藤英麿[4]。

我們曾是詩友，不時在雜誌上發表詩作的他也是每天在巢鴨到大塚一帶打牌

---

4 一九〇〇—？詩集《光》。

小賭過活的夥伴之一。其實我對打牌沒那麼感興趣，只是因為朋友邀約，又沒其他事可做才姑且玩玩。記得他來過我們位於高円寺的住處，偶爾留宿，搞不好記憶有誤也說不定。他的詩作曾被那時知名的詩評家春山行夫[5]讚賞，也是以詩力行美學生活的清高派年輕詩人之一。這樣的他連一張明信片也沒寫就出現在餘慶坊門口，實在令人意外。我端詳他好一會兒，因為初夏的暑氣，身形瘦削的他只穿了一件浴衣，頹喪模樣倒也不稀奇，稀奇的是連件行李都沒有，隻手拎個用方巾之類紮成的小包包。「其實我為了投靠金子先生，和草野心平結伴行到京都時，沒想到心平因為接到姪子還是表哥突然生病的通知，趕緊返回東京，所以我只好獨自來到這裡。」他說。佐藤不是那種素行不良、信口開河的人，而是正經到有點哀憐的男人。聽了他因為在日本過得很苦悶，想尋一方舒適的棲身之所而逃出來的始末，心想與我的境遇還真像；並非無法理解他的心情，但聽了他真正的想法後，才曉得原來心平只是他來上海的旅伴，英麿先生的真正目的是想隨我去巴黎。我頷首聆聽的同時，也想以過來人身分，好好勸說他打消念頭，畢竟我深知國外生活有多辛苦，況且自身前途也是一片茫然。

「行李呢？」我問他要不要換件襯衫或衣服，沒想到他就這身浴衣踏上旅途。旅券呢？我問。他似乎不曉得需要這東西，一臉詫異。我又問旅費一事，只見他解開方巾，裡頭只有一支牙刷，還有兩枚兩錢硬幣，看來他想說旅費就靠勞力換取，著實下了很大決心。因為再來就沒什麼想問的，我也只能回一句：「也行吧。」唯獨住宿一事有著落，他是在朋友那裡住一晚。待他離去後，我思忖著，也不曉得基於什麼理由，逗留上海的這群人彷彿約好似的憧憬巴黎，以其為目的地。像是宇留河，畢竟繪畫是他的興趣與志業，所以不難理解他為何如此憧憬巴黎，但其他像是舞蹈老師、設計師、廚師、理髮師，以及其他漫無目的留在上海扎根生活的人，還有那些既無前路也無退路的人，這些人幾乎到頭來都打消去巴黎的念頭，留在這裡。即便攢了些錢，但過了三年、五年，在這片土地生根後便忘卻夢想之地。

說到底，人們為了這條通往長安或是巴格達、羅馬、麥加的路，吞忍苦楚。

5 一九〇二—一九九四年，本名市橋涉，詩人、編輯。

那麼，這條不惜賭命追求的路究竟有何意義？矢志踏上旅途的熱情往往只能暫時欺瞞許多人，而除了虛榮心，還有什麼能讓我裝飾生活。管他是巴黎、倫敦，還是更遙遠的里斯本、米蘭，人們最終追求的是完全不一樣的東西，卻不會因此失望，而是修改自己的拙劣夢想；雖然夢想這行為的脆弱與軟弱就像習性一樣無法輕易改變，但它就像一個不存在的箭頭，尋找承諾人心無限慾念的鑰匙，不是嗎？前往馬德里、前往喜見城，以夢想立誓，被現實嘲弄。主啊！請告訴我，我們該往何處？

罪孽深重的往往是那些虛妄的領導者，無論是普欽廣場，還是克林姆林宮，對於我們這些矢志躍入業火的人來說，看起來有如幻影中的黃金國，怕是人骨林立，迎著百里路吧。宛如女人奔向男人，男人抱緊女人，就這樣合而為一。於是，人們膝蓋萎縮，雙手癱軟無力，什麼也捉不著。自不量力的我也可說是有勇無謀，抓著更沒經驗的佐藤英麿，就像盲人憑藉導盲杖邁開步伐，無論要去的地方是巴黎也好，馬德里也罷，任誰都沒有嘲笑的資格。破船啊！解開生鏽的鎖吧。

我用熨斗燙平起皺的畫紙後鑲框，無奈怎麼瞧還是覺得不平整時，又來了個和人有關的意外邀約，迫使我們期待已久的希望轉向另一個方向。本想說沒我的事，沒想到我和妻子受老書生四十起所託，負責向住在武漢三鎮的旅中日本同鄉收取今年尚未繳交的會費，如果可以的話，廣告費也順便，以及新會費的重責大任；雖說是武漢三鎮，但其實只需前往漢口處理這件事。漢口位於離租界地一步之遙的地方，兩三天前才發生日本人遭殺害棄屍一事，排日情緒高漲中。從上海出發，必須在航行揚子江的船上待五天；雖名為官艙，但因為中國人習慣帶著被褥旅行，所以艙裡沒準備任何寢具，我們只能直打哆嗦地咬牙待在房裡。號稱沙龍規格的房間也只放了一台暖爐，只好咬牙苦撐迷迷糊糊地打盹兒到天明。因為水位無分晝夜都很淺，而船一旦擱淺就會耽誤行程，所以船夫們每晚都得量測水深，嘶吼聲就這樣徹夜不斷，吵得我們更睡不著。我們和其他乘客圍著圓桌用餐，同桌共餐的有商人一家子、大老闆，就連頭上生瘡的小鬼也坐在一起大啖中國菜。每當船停靠蕪湖、九江之類的小站，原本靜悄悄的三等、四等自炊乘客便紛紛探頭，搶買一個二十錢的牛奶糖狀鴉片的喧鬧聲此起彼落。就連白天也是一片蕭瑟的枯洲風景，船上亮光處聚集著日落西山忘了回巢的鳥兒，發出一陣陣刺耳鳥囀直至夜深人靜，還會成群繞著人們打轉，走到哪兒跟到哪兒。

漢江岸上，成群喜鵲聚集在葉子凋零的樹上發出沙啞叫聲。寒氣逼人，街上冷冷清清。我們決定投宿名為「竹屋」的旅館後，出來逛逛。我們得向金風社收取廣告費用，幸好這件工作沒想像中那麼困難，反正給的出來的人就會給，給不出來的人，一開始就知道擠不出錢，所以只花了兩天就辦完這差事。對岸的武昌有座名聞遐邇的黃鶴樓，我們不顧旅館老闆的勸說，執意叫個孩子帶我們過河去那裡瞧瞧。剛從廣東打仗回來的士兵們在路旁一字排開，衝著我們叫罵：「東洋、東洋！」還朝我們吐口水，一副隨時都會猛撲上來的模樣。矗立於山崖上的黃鶴樓是座不起眼的小樓。隔年洪水氾濫，小樓就被沖得無影無蹤。

回到上海後，想想自己也老大不小了，必須趕緊出發，開啟另一段旅程才行。我倉促地在上海的日本人俱樂部二樓開畫展，無奈就連旅居中國的日本人也對我的作品不太感興趣，雖然來看展的人不少，但因為單價不高，所以入袋的金額不高，但還是與我預期的金額相差不遠就是了。魯迅前來捧場，就連他擔任校長的神州女校的女學生也來買畫。

「金子先生，唱詩的美女不同於中國美女，可是日本美女的長相哦！」魯迅說。

「日本美女和中國美女這麼不一樣嗎？我覺得應該是因為在中國就是中國人，要是去日本的話，就變成日本美女吧……」

魯迅沒有反駁我的說法。內山一家為我們辦了餞別宴，端上桌的佳餚是用味醂醃漬一天的小魚干壽喜燒。隔天晚上，三人登上郵船的三等船艙。宇留河等，四、五個人前來送行。

「就悠悠哉哉地上路吧。再過一、兩個月，我就去找你們。」

宇留河的親切口吻帶著東京人慣有的瞎操心，不捨地與我們暫別。

夜已深沉，郵船響起聽來寂寥的低吟汽笛聲，航行著。這趟漫長旅途讓我從一開始就疲倦到連上甲板的力氣都沒有。一覺醒來，發現同行的兩人都登上甲板，還真稀奇。對於情人終究沒追來上海的她而言，八成覺得遺憾吧。但對我來說，至少事情沒有變得更糟，實屬萬幸。

入夜後，時有大浪，可能是行至河水入海的交界處吧。即使天明，海色還是像砥石粉般白茫；近中午時，海面在東中國海的重壓下，變成有如青蛇背脊的顏色。

海市蜃樓的城市

揚子江底透著血塊的黃濁褪去，船行至東中國海域時，浪變高了。又航行了兩、三天，穿著禦寒用的針織衫真的好熱，最後一晚甚至連衛生衣都脫了，換上浴衣。

一眼望去，三等艙的床架上空蕩蕩，船客稀少。草蓆上鋪著厚厚的條紋墊布，因為剛粉刷過，有股讓人作嘔的刺鼻油漆味。即便登上甲板，卻因為三等艙船客只能在卸貨區出入口一帶的狹小範圍內走動，所以待了一下子就覺得無趣，又回到船底的客艙。途中經過洗衣區，迎面吹來的是足以融化身上油垢的熱風，沉浸在厭世的甜膩情懷中。樓梯搖搖晃晃，考驗平衡感，我緊抓著樓梯旁的鐵絲網，在心裡吶喊求救。碧綠海色總算變得清澄，環海的緊繃肌肉也逐漸鬆弛，成了適合海豚嬉戲的海域。這一帶的陸地以往稱為「越」，越是從奧越一直延伸到南百越（越南）。

回到客艙，瞧見身形瘦削的佐藤穿著在上海買的淺灰色上衣，黏在草蓆上睡著似的。我鑽進額頭和鼻子浮著油脂的妻子與佐藤中間，她的一隻腳就這樣跨在我的腳上。面對這趟目的地遙遠的旅程，挾在妻子與友人之間的我思忖今後該如何摸索前行？有點不安的同時，又有著不干己事似的賭氣心態。

不曉得抵達巴黎時，天氣如何。看來衣服一事也得想想才行。她在上海做的中國風外套，恐有辱國之虞，怕是會引來大使館關注吧。中華民國的裁縫店品味和蚯蚓沒兩樣，加上女人敏感，好貨色逃不過她們的眼，可能馬上就不想穿那種東西吧。況且女人對東西喜新厭舊得快，到時又會如何呢？這趟旅行豈不無趣極了。女人的偷腥與魅力可說是微妙的表裡關係，要是少了任一方，女人就不完全了。不完全的女人再怎麼貞潔賢淑，就像破掉的碗般毫無價值。明明日本社會才剛擺脫貞潔賢淑這個無聊的緊箍咒。

就在我這麼思忖時，她用低沉到幾乎聽不到的嗓音說：

「引擎聲聽起來像是小孩的哭聲。」

「既然如此，下一站停靠香港，就從那裡打道回府吧。」

我壓低嗓音回道。之所以不再說下去，不單是因為顧慮睡在一旁的佐藤，身為同行夥伴的他就像依附海藻的小貝殼般弱小無助，而我在他眼裡是個可以依賴的存在。我們之所以結伴踏上這趟兩個人都不見得能完成，更別說一個人的旅程，一方面是因為怯弱害怕，也可以說是基於承諾，其實說穿了，就是想四處流浪，同病相憐的兩人相互依靠地前行吧。後來才聽聞他父親舉家從秋田遷居北海道一事，從佐藤那蒼白面容就能感受到他的血液裡也流著和福士幸次郎一樣看似弱不禁風，骨子裡卻無比堅毅的情懷，暴雪、寒風中鍛鍊出來的消極耐力。秋田義一也是來自北國，看起來很有活力的他，心底卻和連動都懶得動的佐藤一樣是魚眼般的毛玻璃色，而夢想往往是在如此渾濁顏色中孕育。他那鬱悶心裡描繪的南洋色彩是完全不同的天地，充滿未知的美好人生，並為此賭上一切。我之所以沒能更為理解他的這般波折人生，除了生活壓力讓我焦頭爛額之外，也是因為我的人生歷練不足，欠缺同理心，以致於日後留下一抹後悔。

「你看那女人。應該快四十了吧。還有身價可言嗎？走在一起的男人八成是掮客。」

聽他這麼說，我才注意到遠處站著兩個人。女人看起來似乎上了年紀，沒化妝的面容十分憔悴，皺紙般的肌膚，五官也不夠秀氣，整個人看起來很沒精神。

「眼看那女的就要墜入萬劫不復的境地，所以心生同情，是吧？」

「我沒這麼想。現在的我沒心思想這種事，除非那女的對我有所助益，那就另當別論。」

「看那女的……應該是出身天草[1]一帶吧。」

「看那相貌，應該是吧。」

我們就這樣聊著。幾天後，佐藤竟然和看起來像是掮客的男子混熟了，不時聊上幾句。那男的果然是人口販子，且是那女的拜託他居中牽線。從滿洲、中國，經由馬來西亞的人口販賣組織的頭頭是香港的黑道老大，這個人還將女人分門別類。

「他說停靠香港時，要我上陸去玩玩。」

「還真想去看看啊！聽你這麼說，我很樂意同行。」

聽到這番話的妻子踢了一下我的側腹。看來對於崇尚女權的她來說，我這玩笑話頗刺耳。其實說到底，男女性別任誰都適用就是一件錯事，希望至少像血型

1 位於熊本縣西部。

一樣分成幾類，且有所限制，無奈神往往只會創造悲劇。

悶熱暑氣越發加劇，熱到想裸睡。無論是海浪，還是刺鼻的油漆味都讓我難以忍受，加上男服務員們工作懈怠，視我們這些給不起小費的三等艙船客為麻煩人物，竟然用水桶裝飯菜，像餵食動物園的小動物般，就這樣擱在地上。我盛了些飯菜，湊近盤子一嗅，明明飢腸轆轆的我霎時沒了食慾。在床上唯一的好處，就是比在陸地上有更多時間可以打盹兒，不斷作夢，夢一醒來，無趣便襲身。現實的我在船底，不是在地底，不停顫抖的海促使易壞玩具般的引擎空轉。我隻手摸索著，抓住她的手，要她滿足我的慾望，小心翼翼地不吵醒睡在一旁的佐藤。

我思忖著。半坐起，凝視她的臉。看來夜已深沉，浪高滔滔。

她為何跟來呢？一點也不覺得巴黎那麼有魅力，不過是個裝著糖果的漂亮盒子，沒有什麼讓她歡喜的東西。她印象中的巴黎不過是聽人分享旅遊經驗，或是翻譯書、電影裡過於美化的虛構世界。一句法語也不會說的她亦無心學習，只能依靠語文能力也不怎麼樣的我從旁協助；還有，佐藤也是個需要照顧的同伴。既然如此，為何……。

或許是因為想突破什麼，想重新來過什麼吧。她有著身為女人的野心。說是女人的野心打造人類歷史也不為過，單純又一個勁兒的野心，時而瘋狂、大膽，時而狼狽不堪。再也沒有像她這麼隨和的女人，雖然我如此感佩，但這不過是表面上的感想，一樣也是打娘胎出生的她和別的女人並無不同。姑且不論我這一廂情願的解釋，其實她是那種因為矛盾反而活得生氣勃勃，不安於現況，竭力讓自己散發女人味的女人。我以往遇過的女人們大抵是這類型；雖然生理方面是身為女人最成熟的時期，無奈歷經這時代的女人已然處於下坡狀態，憂慮一切只能被動以對，所以面對任何事都很消極。要想甩掉和我度過的貧困半生，這般始終出不了頭的日子，現在可是絕佳時機。我深知她和我在一起毫無前途可言，卻也因為不願放手，情形只會更糟；之所以拖著她來趟前途未卜的苦難之旅，無非是自不量力地期待想以她為由，重啟新生活，以及身為男人這般自負又自戀的心態。基於這般不服輸心態，我邀約她搭上這趟繞行半個世界的船旅，這麼做真的能讓人生變得比較順遂嗎？還是變得更不堪？無論如何，也只能盡力而為，別無他途了。雖然一想到會給許多人造成麻煩，還是必須緩步前行就覺得頗沮喪，卻也因為我們成了別人眼中的麻煩人物，反而更能激起鬥志。

夜深人靜，我獨自登上甲板。船身嚴重傾斜地航行，甲板上沒有其他人，是一處只有星辰的世界，彷彿廉價的金銀箔密密麻麻地灑滿夜空。一旦靜下來，振翅聲就在耳畔喧鬧不休，桅杆抹消這聲音。若是此時此刻，不管做什麼都不是悲劇，即使我從甲板躍入海裡，世界上也不會有任何人關心，搞不好很久以後才有人發現。想喝水的我湊近甲板上的水管，溫溫的，像是曬過陽光的水；就在我這麼想時，聞到一股臭味，只是漱了一下口，就忍不住吐出來。想起「勝丸事件」的我再次用手指掏了一下水龍頭，確認是否卡著女人的頭髮之類。聽說有三個女孩（不確定是不是三個）想偷渡去南方，於是她們潛入勝丸號貨輪，躲進作為飲用水來源的水槽，沒想到貨輪停靠下一站港口時，在不知情的狀況下補給水，結果三個女孩就這樣溺死了。直到水龍頭流出混濁的屍水與頭髮，船員們這才驚覺發生駭人聽聞的慘事。甚至謠傳靜謐的午夜時分，船梯那邊傳來腳步聲，還有女人嘻笑聲等靈異傳聞。想去外地掙錢的女人們成了沒有四肢，只有頭和軀體的屍體。我又想起當她們的骨灰罈運回祖國時，沒想到排放在甲板上的三個骨灰罈被船員逐一踢落海中的傳聞，船員還說：「這也是一種慈悲。」畢竟只有為國捐軀的士兵才能享有光榮返鄉的待遇。在這浮華世界，沒用的東西只能被隨意處置。一如自然法則，人類擁有的常識在這般殘酷現實中也占不了什麼優勢，至少我們三個人不覺得自己有什麼優勢，也開始接受自己這一生就是被視為無用之人的事實。

客輪於清晨抵達熟悉的香港，整座島還深鎖在濃霧中，從山巔到山腳，燈火尚未從沉睡中醒來，迷迷糊糊地流連在恍如璀璨珠寶盒的恍惚夢境中。客輪一靠岸，兜售東西的一艘艘舢舨便靠了過來，響起男男女女的高亢叫賣聲，像是用指甲搔抓東西，令人煩躁不已的聲音。小販們央求船客將硬幣扔入海中，站在甲板上的我們眺望著躍入海中的男子就著綁在棍子上的篝火，拾起尚未沉入海底的硬幣。這裡的帆船和上海那種像是吊掛著破爛蓆子的帆船不一樣，張著曲線優雅，有如半開扇子般的船帆，陽光照耀下，船帆透著彷彿吸了血似的紅色透明感，甚是美麗。

我們搭乘小艇，抵達濱海大道。眼前是一片明亮綠地。才剛下船的我們走在一條有簷廊的靜謐通道，享受久違的腳踏實地感。不同於被煤燻髒的上海街道，這裡是彷彿清洗過的蛋黃色英式漂亮街景，有販售燈籠、絹扇的土產店，還有從外頭就能瞧見魚簍裡有好幾尾大腿粗的鰻魚捲成一團的廣東料理館子。好幾個流浪漢隨意躺臥石疊路上，促使我們得留意腳步地前行；雖然有間門面氣派得像是料亭的日式旅館，但考量手邊的錢不多，就連暫時進去歇腳一事都很猶豫。往左拐，瞧見大海就在眼前的廣場旁有間看起來有點髒汙的旅館，遂決定投宿那裡一晚。島上的自來水相當匱乏，每天早晚都能瞧見市民們排隊將石油空罐扔進水量不夠豐沛的井裡汲水，因此飲用水十分昂貴。一個空罐的清水要價十錢，運至二樓要價二十錢，三樓就要三十錢，所以住在好幾十、好幾百階高處的居民，光是買一杯水就所費不貲。聽旅館的人說，這裡不同於上海，物價昂貴，是處居大不易的地方。這間旅館的房間數不多，二樓是自住，三樓是客房；雖有三個房間，但因為沒其他住客，所以三間房任我們使用，每一間都頗通風。

透著淡綠色的海水，時而像貓眼石，時而看起來像土耳其玉，往來海上，船帆半開的船隻對面有艘像是用鋁打造的英國軍艦坐鎮，不時發出威嚇用的空砲聲。這片土地位處亞熱帶，尤其盛產檳榔、圍著紅領巾的猩猩椰子等，隨著樹根有如無數條靜脈纏繞的大榕樹，打造出城市的街景氛圍。我們認識的一位日本人就住在這裡，就這麼一位而已，那就是在領事館擔任書記的北澤金藏。他是詩作愛好者，我們結識於東京；可能是因為很少看到日本人來此，所以很親切地招呼我們（記得他是井上康文[2]那邊的詩社成員，透過井上的介紹，我們才認識。北澤邀請我們去他家，我偕同妻子赴約，他和新婚妻子以及一隻活潑狗兒，住在設有鐵柵門的公寓。我開門見山告知來意，說明自己為了舉辦畫展，必須在香港待上兩三個月，也想請他幫忙佐藤申請歐遊用的護照。北澤爽快允諾我的請託，但申請護照這件事比較麻煩，畢竟要從香港發公文，一往一回就得耗費不少時間，「這件事不太好處理啊。」北澤面有難色地回應，我拜託他務必幫忙。在他家享用晚餐後，回去時瞧見佐藤獨坐著眺望大海。我和佐藤去香港的街區買畫材，果然亞

2 一八九七—一九七三年，參與大正時代最大的詩社「詩話會」，奠立他在日本詩壇的地位。

熱帶地區就連畫材種類都和日本不太一樣，有不少有趣東西。曾師事小林清親的我後來畫風丕變，趨近北齋的浮世繪，合乎喜歡古老事物的歐洲人口味，有別於繪在畫仙紙上的水彩畫。旅館提供兩餐，在物價昂貴的這片土地上，份量自然也多不到哪兒去。姑且不論留在旅館的她，對於四處走逛的我們來說，每天都飢腸轆轆。

「景色很漂亮，可惜景色不能當飯吃。」

年輕的佐藤似乎很在意吃不飽這件事，嘀咕著。只好帶他去附近的餐館吃盤炒麵。後來我們和旅館老闆因為住宿一事起糾紛，也明白再這樣下去也談判不出什麼結果，於是糾紛過後十天，我們在龍蛇雜處的街區尋找暫時棲身之所。好不容易找到，也看了那房間，是在一戶中國民家的二樓，混凝土造的大房間裡用棉布隔成三間，有窗戶的那間空著，如屋主所言，最裡面的房間確實是最好的，但靠近門口的兩間住著有小孩的中國人大家庭，即使白天也得點蠟燭，從牆縫還能瞧見熊熊燃燒的爐火，而且就算借來寢具、桌椅也放不下，空間小到連工作、起居生活都很不方便。

「老師，您是畫家，如果不是住在有電話的旅館，別人可是不會理你哦！」

被來旅館閒嗑牙的人，這麼提點一番的我遂打消遷居那戶民家的念頭，想說住旅館再怎麼花錢，也得咬牙苦撐。我花了近兩個月，完成六十幅水彩畫作，也談妥要在日本人聚會的俱樂部展出，北澤也很盡力幫忙。問題是用畫仙紙繪的畫因為沒有裱框的關係，紙張變得皺巴巴，寒酸得令人擔心能否作為商品販售，只好逐一擦拭每張畫作，貼在玻璃窗上撫平去皺，然後裁切金色的紙鑲邊，取代畫框。直到畫作運至俱樂部展示，妻子和佐藤都很認真幫忙。畫展為期三天，只限住在當地的日本人參觀，獨自擔起會場管理與銷售之責的妻子十分稱職。

收到畫展通知的日本人可能不是那麼感興趣吧。三三兩兩的來參觀。沒想到這片土地上住著這麼多同胞，著實令人詫異。看著她招呼來客，為他們介紹畫作、送客的模樣，內心的不安與迷惘逐漸淡去。旅居香港的日本人主要分為幾類，一是以領事館為首的大企業，像是三菱、住友的分公司，正金銀行的員工家族等，也就是所謂的中產階級；還有一類是靠著外貿交易起家的企業家，以及前面提到的扎根在旅館周邊區域的妓女、嗜賭的船員、遊民、掮客等，至於有多少人就不太清楚了。這三天來參觀的人不少，卻沒賣出半張畫作，「既然一張都沒賣出，就是叫我乾脆死心，是吧？」逞強這麼說的我完全不曉得今後該如何是好。這種感覺就像從滔滔大浪的頂端，瞬間被拋擲的墜落感促使腦中一片空白，也萌生一股自憐心態。第三天晚上在旅館待著的我，滿腔期待成了自暴自棄，一籌莫展的我一心只想逃離這處突然變得很難再待下去的土地。旅館住宿費就不用說了。在這什麼東西都很昂貴的土地上，物價是其他地方的三倍，所以我們兩個月來過著一天只吃早晚兩餐的生活，還是抵擋不了可怕的帳單，手邊僅剩兩、三美元了。

雖然北澤頻頻奔走，幫忙籌措；不得不說要是賣他的面子，可以籌到三十美元的話，也是頗令人意外。我打算獨自去趟廣東籌錢，因為那邊有認識的人，像是歐陽予倩等，想說找他們商量一下；但我和歐陽予倩也只見過四、五次面，稱不上深交。當我必須下定決心跑這一趟時，佐藤向我表明他去找過在船上認識的那個男子。那男的果然住在灣仔一帶，一派老友重逢似的招呼佐藤。

「來的好。我們好好聊聊吧。」

寬敞的兩間中式房間打通，房裡沒有櫃子之類的家具，寢具都是堆得高高的。背靠著寢具坐著的男人身形矮小，太陽穴有個傷疤，眼神銳利地望著對方；面對面地坐了一會兒後，心裡有點毛毛的。這是佐藤的感想。身旁坐著應該是他妻子的女人，但她幾乎沒開口，還有個好像是和他一起上船的女人，說是因為不舒服在隔壁房間休息，只能說屋裡的氣氛十分陰鬱。說穿了，那男的就是買賣女人的人口販子，「我知道有很多關於我的謠言，但我不記得自己幹過什麼非法的事。我只是借錢給有困難的女人，教她們如何給自己謀條生路。」絮絮叨叨地說了一堆為自己辯解的話。還說要是有什麼困難，隨時都能找他商量，也轉達給同行的友人。佐藤一臉不安地說：「看來那男的好像盯上三千代女士呢！」只能說，這種事不無可能。

從佐藤口中聽聞這件事後不久，領事館的書記北澤金藏來旅館找我，「我知道你的畫為何賣不出去了。很久以前有個姓辻的男人在這裡舉辦他的油畫展，後來還做了彩券兜售，不必花三十、五十美元買畫，只要買便宜的彩券就有機會抽到畫作。結果呢，只能說這麼做比較有效益吧。但要是沒有宣稱張張都會中獎，彩券就賣不出去，所以賣出一百、兩百張彩券的話，除了展示的之外，畫作勢必得增加數量才行。可是很辛苦呢！不過，追加的畫作只要在色紙上隨便揮灑幾筆就行了……至於彩券的話，委託當地有力人士處理，兩三天就能處理得妥妥當當。我們要不要一起去拜訪那個人？想說你大概不願意吧。」他可憐兮兮地瞅著我，這麼說。我心想，該不會他說的那位有力人士就是和佐藤見面的黑道份子吧。「這種事情多拖一天，就多麻煩一天，就這麼決定吧。反正只是見個面而已。」我回道。北澤露出總算鬆了一口氣的表情，「還有一件事，關於佐藤先生的護照。我試了幾個方法，還是無法從這裡申請……」有點難以啟齒地說。「這也是沒辦法的事，只好放棄了。」站在一旁的佐藤乾脆回道。

一張兩美元的彩券，共計兩百張，是找比和佐藤會面的那個掮客更有權勢的人處理。因為弄不到色紙短冊，只好以小張的畫仙紙代替，夜以繼日地趕工弄好追加數量，對方也一張都不剩地處理完彩券。付給對方應得的酬勞後，我抓著髒髒的紙鈔，算了一下，要付旅館的住宿費用可能還差了一點。就算錢的事解決了，也沒辦法立刻出發，必須等個幾天才有船班。我們還去找那個掮客商量，這才知道要是能搭上中國汽船，沒護照的佐藤也能同行，不管是爪哇，還是婆羅洲都能偷渡上岸，畢竟不能拋下佐藤，讓他獨自待在這處生活不易的地方。因為他說比起日本，更想回上海，所以我們拜託船公司的人，弄到一張兩天後出發到上海的郵輪船票。我和妻子則是想搭四天後出發前往新加坡的船，所以請始終很照顧我們的北澤幫忙弄到船票。香港是個如花朵般漂亮的地方，也是一處要是沒有錢就會四處碰壁的地方。經過幾番交涉後，旅館老闆總算答應少算一點住宿費，我也畫了兩三幅畫讓他賣給旅客以作為貼補，他也就不再跟我囉唆了。

早上起不來的我們還在夢周公，兩人熱到出汗的雙腳交纏著。佐藤要搭很早的船班，從隔間牆那裡傳來他向我們道別的聲音。

「要走了嗎？保重，一路平安喔。」

這麼說的我，心想大概再也不會和這個人碰面吧。老實說，我覺得幸好沒帶他同行。因為今後是一連串掙扎求生，有如修羅場的生活；抵達目的地歐洲，面臨更嚴苛的現實環境，只會促使原本就悽慘潦倒，浪漫過頭的他被蹂躪得一塌糊塗。我心痛的目送他那宛如喪家之犬的身影消失在房間外頭，苦嘗著如針扎抽痛般的旅途離別，發現自己那伸到她枕下的手臂熱熱的，原來是被她的淚水濡濕。

在相會與離別交替進行的人生中，隨著哀傷氣息逐漸變得比較像個人的我沒料到目送我們搭船離去的北澤竟然這麼快就與世界訣別。這趟旅途的回程，順道靠岸香港時，他已經不在了。去年確定調回日本而欣喜不已的他在餞別宴那晚因為坐在屋頂欄杆上，一陣風吹來，失去重心的他墜落石階上，薄得如貝殼的頭碎裂，當場慘死，獨留年輕妻子。

再次來到香港的我們又搭上船，踏入南中國海。無論是日本發生的事，還是我們的莽撞行徑都逐漸淡去，好似付出代價般，波浪的顏色取代草色。無數波浪跨越印度洋，來到波斯灣，進入紅海，再次滾入發黑的地中海，以及沉甸甸的綠呢絨撞球檯。算算這趟旅程從日本出發到利物浦，共約四十五天，暈船暈了約一週左右；雖然挺過去了，離情卻一天天地越發濃密，親友們的面貌比觸目所及的星辰還要遙遠。以往曾經過這裡，行的是同樣路程，卻因為這之間挾著十年寒暑與絕對稱不上有所長進的不同心境，關於旅行的各種事，以及並非獨自遠行而要擔負的重責，以致於無法因為看到各種事物而樂在其中，撩撥好奇心。從搞不清楚是福建一帶的中國本土還是海南島出發，沿著像是因為銅鏽而腐蝕的海岸前行，來到越南（當時稱為安南）一帶。郵輪並未停靠這處法國殖民地，而是一路南下十幾天，抵達新加坡。在船上的我們熱到脫去一件件衣服，一副形同裸體的模樣。因為沒有準備夏衣，所以我穿著條紋和服褲裙搭配襯衫，她則是穿著稱為「UP A PARTS」的連身洋裝，就這麼上岸。順利過了海關，搭上在這片即使豔陽天也要奔馳的黃包車，駛過燃燒在美人蕉花叢間一整排都是椰子樹、檳榔樹的濱海大道，望見有教堂與世界最好吃冰淇淋的飯店就坐落在這片枝椏被藤蔓植物纏繞，變得毛茸茸的綠草地上，還矗立一尊創立這座獅子島殖民地都市的萊佛士銅像。初次看到戴著帽子的印尼、馬來人，以及戴著紅色土耳其帽，身形瘦高的印度教教徒。

我們抵達大道旁的小旅館，辦好住宿手續後，隨即去拜訪發行海外日文報紙的古藤社長。古藤社長身形壯碩，長尾先生、外電部的大木先生都是在他手下工作。當天傍晚，古藤先生在近郊一棟蓋在廣闊土地上，地板架高到人可以在下方自由走動的馬來風茅草屋宴請我們。南國的向晚風情，無論是海還是天空都繽紛美麗到難以言喻。茅草屋外有棵高大的山竹樹，樹上結實纍纍，派人用笊籬採摘一堆水果女王給我們享用，還有調皮的孩子在場。我也是這時聽聞用鋸子鋸開架高的地板木頭，整座茅草屋就會傾斜一事。原來非常新鮮的山竹有著夾雜各種水果優點的複雜滋味。要是一月、二月都待在這裡的話，還是退掉以天數計費的旅館，租個房間比較划算；日本人俱樂部有適合舉辦畫展的場地，最好趕快預約。古藤先生有著不同於壯碩身形的細心，提點我們許多必須注意的細節。那晚我們回到旅館，發現繫著蕾絲紗帳的床邊一隅、天花板和牆上有好多隻壁虎，活潑地爬著，還跳到床上交尾後跌落地板。壁虎約小指大小，身體是白色的，還透著肉色，因為遠近關係，牠們的影子忽大忽小。只見妻子一臉驚嚇地抓著我。這裡白天很熱，晚上倒是頗涼爽。我們向報社的人租借位於租界大道實龍崗路上，大黑屋旅館二樓一間打開三面牆上的百葉窗就成了通風良好的房間。無論是在哪裡，照顧旅人儼然成為一種常規，我認為這是生活在異鄉的人們基於民族愛而串連的情感。不只日本人，在幅員廣闊的中國甚至是以各地方為單位，他們比日本人更加發揮這般同鄉意識。為了在異國土地擴張勢力，除了來自祖國的支援與運作，跨越漫長歷史促使這般情懷更為緊密，今日不容小覷的華僑勢力便是一例。伴隨夜晚的涼意，一天一次的爽快驟雨一掃酷暑的悶熱。長尾先生家擺飾著馬克思全集，他對於華僑的資本關係，馬來人的現況等有其獨到見解，思想先進的他有著廣闊視野，卻給人沉默寡言的印象，且滴酒不沾。大木先生則是和其他旅居南洋的日本人一樣只喝啤酒，不喝茶，而且每晚都會與領事館的虛無主義者安西先生，邀約我們一起小酌到深夜，請我們吃炒米粉之類的美味佳餚。

來到新加坡還不到一週，她就發燒。高燒超過四十度實在頗嚇人。聽大黑屋老闆說，不少人來到這裡都會罹患一種稱為「登革熱」的熱帶地區疾病，幸好約莫一週後就會痊癒，產生免疫力，我就放心了。報社的人也來探望，大木先生建議每天早上喝加些水果鹽的水，還送了一大罐。過些時候，我也罹患這種病，而且病情大概拖了半個月之久。有人說可能是我們去植物園時，坐在椰子樹下的池畔旁被毒蚊叮咬才會染上這種病。待我們痊癒後，我又開始寫生。郊外的泥土小徑呈朱紅色，四周植物顏色也很濃烈，要用水彩表現如此鮮豔色彩可真是一大挑戰。我在這裡親眼瞧見各種難以言喻的奇特東西，像是遇過虎尾蛇和眼鏡蛇，在樹梢之間展翅飛翔的蜥蜴，以及因為認識實龍崗路的動物交易商，有機會體驗到關在籠子裡的黑豹有多凶猛。動物交易商與世界各國的動物園都有生意上的往來，也是在那裡嘗到印度咖哩的辛辣味。起初她吃咖哩會嘴唇發熱，所以無法享用，但逐漸習慣後，我們的早餐多是法國吐司搭配半顆椰子，然後午餐不吃，晚餐吃米粉、水果或是中國餐館的炒飯等，反而吃不慣和食。總之，已經逐漸變成熱帶地區人們的體質。只有香蕉是最不陌生的東西，在日本也常見，好比百貨公司有提供試吃，或是小販剝一小截香蕉請客人嚐嚐。在馬來，有種稱為「pisang」的香蕉約小指指尖大，皮薄如紙，被說是最美味的香蕉，也稱為「pisang mas」或「pisang ijo」（青蕉），約三十公分左右的大香蕉，一般不是直接吃，而是切段後油炸，味道不怎麼樣，用來墊肚子還行。我在新加坡目睹最震懾人心的是印度人的火葬，僵硬屍體躺在堆得如山高的材薪上，瞬間熊熊燃燒的光景；還有令人覺得滑稽的是站在路邊就能窺見的印度理髮店，地板上有人或坐或躺，呈現各種姿勢，享受全身除毛的服務。身體不容一根毛髮存在的印度教教徒（坦米爾族）全身抹油，宛如材薪的瘦高身軀隆起精實肌肉，臉上塗抹牛糞灰，纏上紅色兜迪（Dhoti），化好妝，就成了瀟灑美男子。最令人驚訝的是，我和她悠哉走進神聖不可侵犯的印度教寺院，瞧見渾身白透的牛（也可能是被信徒過於洗刷，所以成了這副模樣），結果不容許異教徒入侵聖域的僧侶們發狂似的攆走我們。

綜觀而論，無論是中國人、馬來人、印度人、日本人，還是新加坡人，對這地球都是一臉厭倦。稍稍細思審視，就覺得每個人種都對自己信仰的宗教十分執著；就某種意思來說，人們藉由宗教麻痺炎熱的苦、屈從的苦，而且任誰的內心都有個破洞，尋求能夠填補這個空洞的救贖。即便是身為支配者的白人也被認為基於厭倦無趣日常，利欲薰心，試圖以殘忍的掠奪方式找回生存價值。日本人也是依階級，分屬其中之一，像我們這般浪跡天涯的旅人很困惑自己究竟屬於哪一邊。

因為這裡的酷暑悶熱，加上恐懼蚊子襲來的疾病，促使我們只想早一點離開這個暑氣蒸騰的國度。至少讓她一個人先行脫困也好，因為我預感將有別的麻煩事發生，所以加倍趕工作畫，加上以古藤先生為首，報社的人鼎力協助，總算在日本人俱樂部順利開展，卻還是沒攢到足夠的旅費。所以我們決定前往爪哇（印尼）碰碰運氣。搭乘荷蘭公司ＫＰＭ駛往澳洲的船，花了四天左右抵達爪哇首都巴達維亞（現在的雅加達），二等船艙一人要價四十五盾，勢必花光我們手邊的錢，又沒其他解決方法，所以本想乾脆偷渡，幸虧親切人們阻止我的莽撞念頭，才得以順利出發，連大黑屋旅館老闆也來送行。那時，我才從大木先生口中聽聞：「別看那老爹一臉無害樣，他可是這一帶出了名的掮客，名叫矢部，讓很多女人哭泣，綽號大鬼的惡徒呢！」也許是忌憚報社的批判與糾舉吧。大黑屋老闆不敢暴露自己的黑底。

「有很多畫家來這裡辦展呢！金子先生，很少有人的畫功像你這麼爛。」畫展結束後，和我乾杯的商人小久保對我這麼說，他也來送行。被批評畫功爛也是事實，其他人八成可憐我，暗自心想，不忍批評吧。要是不靠作畫，而是像藝人東家虎丸（這裡的虎丸是指鼈甲齋虎丸）那樣以吟唱浪花節[3]巡迴南洋的話，就不需要靠作畫餬口，勢必輕鬆許多。想想，就算端出自己是詩人一事，也沒什麼助益。本想問問當初因為我是詩人而前來拜訪的她，對於此事有何想法，但怕只是自討沒趣，也就打消念頭。基本上，指責女人一事，只是促使指責者的罪過更大。尤其是指責女人的慾望，無疑是一種不負責任的心態，而這不負責任的心態唯有在不公平的國家與時代才適用。

像這種不是從教科書學習，而是來自苦難生活的體悟或許多少體現了這趟旅程的意義，但充其量只是我單方面的想法。

KPM的二等艙提供歐風餐點，也是這四天來最像樣的一餐。

我寫信給有過一面之緣的友人，任職《爪哇日報》的S，他開車來港口迎接，還在報社排版室旁邊的狹長房間裡款待我們。相較於陽性的新加坡，爪哇則是一處陰翳土地。報社不是位於威爾登雷登這處新市區，而是在舊稱巴達維亞，保有爪哇舊時風情的陰濕地區。

「北是西伯利亞，南是爪哇。哪片土地被指定為墓地，何處是最遙遠的土地～」

耳邊響起學生林高感傷吟唱的曲子，自己終於來到爪哇。已經許久沒收到她情人寄來的信。比起情人，她更掛念留在長崎的孩子，淚水濡濕枕頭。初次抱著擺在床上，一種稱為「dutch wife」的大抱枕入眠，這東西是單身的荷蘭人用來抱

3　日本的一種說唱藝術。

著入睡，長長的竹籠外罩木棉布的東西。每當自然風拂過，抱著這東西讓人更覺涼爽。爪哇的夜晚比新加坡來得更靜謐、黑幽、深沉，這樣的夜晚吟味得到懷舊的明治味。夜晚入眠時，總是傳來馬首上綁著許多鈴鐺，稱為「delman」（雙人座）、「sade」（單人座）的傳統馬車由遠而近，一下子又駛遠的聲音。偌大的三角頭壁虎棲宿在民宅屋簷下方，還會突然發出彷彿方圓百里都聽得到的悽厲叫聲。護城河上倒映著百葉窗緊閉的荷蘭風建築，就連跳橋也是荷式風格，爪哇曾是古老王國。荷蘭人占領此地後，實施高壓控管，爪哇人只能屈從。中部山區有四季宜人的萬隆，附近的茂物還有世界首屈一指的植物園，園裡有像臉盆一樣大，小孩可以乘坐的大鬼蓮，還有一大叢高達三公尺的燕尾草。爪哇這片土地蕩漾著王國逐漸瓦解的哀愁之情。密謀屠殺荷蘭大官富豪，結果事跡敗露，慘遭以槍穿刺在古老圍牆上，就這樣成了木乃伊的 Pieter Erebervelt 的那顆頭顱就在舊巴達維亞報社附近。這一帶因為黑死病大流行的關係，成了一處無人居住，只剩枝繁葉茂的椰子樹和芭蕉的荒地。魚市場也在附近，通往魚市場路上的水閘附近，瞧見被潮水打上岸的拇指突出於食指和中指之間。還有砲蓋活像女人私處的老舊大砲，據說求子的女人會把鮮花擺在大砲上頭。一到傍晚，成千上萬隻蝙蝠要吃蚊子似的聚集翱翔，一片黑壓壓天空甚是壯觀。

雖是一處作畫素材取之不盡的土地，但氣溫近四十度的豔陽天，有時忘了戴帽子的結果就是熱到視力模糊，比想像中更提不起勁工作。因為過著睡了又醒，醒了又睡的糜爛生活，也就不好意思繼續住在報社，只好移居到比大黑屋的背景更雄厚，老闆曾是黑街老大經營的旅館小房間。眼看繼續待在這裡也沒機會開畫展，遂決定搭火車前往井里汶、三寶瓏，再從三寶瓏搭公車到梭羅王國。位於爪哇中部的梭羅、日惹這兩處老城是荷蘭殖民政府留下的觀光資產，保留了傳統戲劇與舞蹈，成了一處能夠安穩定居的地方。日惹的附近有著名的婆羅浮屠，還有以岩石打造而成的塔曼薩里（水上城堡）和天然洞穴等景觀。我們在日惹是投宿於雜貨商澤邊先生的宅邸。我們來到泗水就受到當地的《爪哇日報》松原晚香的照顧，順利地在日本人俱樂部展示我所有的畫作，總算嘗到掌上放著一大筆錢的感覺。我在這片土地上扮演的角色既非小丑，也非蘭斯洛特[4]，而是友愛的化身。

4 亞瑟王圓桌武士中的第一勇士，他與王后格溫娜維爾的戀情導致了他與亞瑟王之間的戰爭。

畫展開幕茶會上，我成了蓄著紅鬍子，名為「熊」的翻譯官，她是翻譯官的情人，松原則是父親的角色。

我們搭火車經由島的南部，回到巴達維亞，再次擔心手邊的錢是否足夠搭KPM客輪，幸好還能成為船費便宜的甲板乘客[5]。甲板乘客多是成群的印度移民，或是爪哇軍隊等，所以我們算是首位日本籍甲板乘客。幫乘客拿行李的男服務員叫住我們，當我們表明是甲板乘客時，只見這位馬來人服務員放下手上的行李，捧腹大笑。反正再怎麼被嘲笑也改變不了現實，但令人煩惱的是飲食一事，沒想到甲板乘客的餐點只有兩串大香蕉，其他東西都必須額外支付，所以要是連香蕉也沒有的我，我們倆這四天來就沒得喝、沒得吃了。還必須和一大群馬來人、中國人、印度人、爪哇人、蘇門答臘人一起醒醒睡睡；可想而知，當然沒提供寢具，只有我們自己帶來的一張折疊式榻榻米，把榻榻米讓給她的我只能就地鋪報紙睡覺。幸好還有人走過來販售咖啡，口渴的我們得以暫時獲得療癒。明明還是陽光遍灑的晴朗天，瞬間就起了變化，海上豎起四、五道水龍捲，驟雨突至，飽受驚嚇的我們得趕緊找地方躲雨。甲板泰半濕漉漉，暴雨宛如瀑布沖刷。光是這趟甲板之旅，就讓我深切體悟世事無常；縱然如此，忍耐了四天，終於抵達新加坡，回到長尾他們在的地方。當我說出甲板之旅一事時，在場有人笑了出來，也有人指責我們：「這可事關日本人的顏面啊！一流國家的國民居然和印度人一起當甲板旅客，實在太沒常識，根本是國恥！」

離開東京後，好不容易手邊攢了些錢，卻還是不夠兩個人搭三等艙的旅費；雖然心裡很不安，但想說先送她去巴黎，我順道去趟馬來西亞、蘇門答臘；如果有需要的話，還會去緬甸和印度，再去巴黎和她會合。我們決定她的巴黎獨處生活以兩個月為限，買了船票後，剩下的錢給她帶著，叮囑她務必保重，待我過去會合。其實扣掉船票，剩下的錢夠我一個人過活三、四個月，但對於初訪歐洲的她來說，可能不太夠吧。我鬆手，一切交由命運的同時，也意味著永遠的離別。

從船底的小圓窗望著她搭乘的船逐漸遠去，從未流過的淚水伴隨稱為悲傷的情感淌落。「你這個鼻中膈彎曲的混蛋！」傳來她的吶喊。「你這個畜生！我們不會再見面啃！」

就這樣互相謾罵，直到聽不見彼此的聲音。她出發前往巴黎後，我改投宿櫻旅館。輕飄飄地好似浮在半空中的身子，飽嘗像是睡在濕地般的酷寒。隔天，我搭乘行駛新柔長堤的巴士，跨越柔佛海峽，去到峇株巴轄、馬六甲、芙蓉市、吉隆坡等，來個馬來半島縱貫之旅；再從檳城到蘇門答臘，這趟緊湊行程也讓我苦嘗身而為人的無能之恥，總算攢了一筆前往法國的船費，從檳城搭中國客輪返回新加坡。我也很驚訝自己竟然如此執著，也搞不懂為何非走這條讓自己變成愚蠢男人之路。猶記年少時，曾和兩位朋友一起離家出走，後來他們都想回家，只有我堅持一定要前往目的地美國，結果三人爭吵不休。我之所以七十六歲還在寫詩，或許也是因著這般執著吧。任誰都不想和這種人往來，避之唯恐不及。

後記

這本書是彙整我曾在《中央公論》與《My Way》連載關於我第二次歐遊的經緯，以及滯留新加坡時，讓妻子先行前往巴黎，自己從檳城前往更有原始風情的蘇門答臘，獨自來趟縱貫馬來半島之旅；雖是平淡無奇的回憶，但經過四十年漫長歲月，現在看來就覺得以前的人，不僅眼界狹隘，拘泥於無謂瑣事，還活得很不自由，不少人過著被懷疑是否在自我毀滅的人生。我是抱著或許能幫助現今之人有個參酌，引以為誡，所以提筆寫下這些事；無奈韶光荏苒，先不論是否適當，有許多細節已記不清，只能不斷擱筆、擱筆，即便試著專注也無法理出個脈絡，只能盡量詢問還健在的老友，但就算再怎麼問，大部分人也和我一樣記憶模糊。幸虧近幾年，睽違幾十年再次見面的畫家宇留河泰呂、佐藤英麿的記憶力好得驚人，讓我從他們身上回味到當時氛圍，更勝於細節，得以牽引出許多零碎回憶，著實助益不少，謹向兩位致上謝意。無論是船舶之旅，還是上岸到每一處地方，皆受到許多日本同胞的照顧與援助，甚至得到鼓勵。畢竟是西方世界，人情較為淡薄，不少旅居海外的日本人為了異鄉生活而疲於奔命，一樣深陷魔沼，落入掙扎著想爬出來的堪憐境地。肯定有人想知道我是如何渡過那兩年的歲月，將近四十年後，即便現在的我能平靜敘述那時的事，心卻依舊湧起一股寒意。此卷是西洋篇的前卷，總有一天，我必須提筆寫下苦澀卻閃耀的後卷。

一九七一年五月

金子光晴

【當代名家旅行文學】MM1158

骷髏杯（日本昭和詩人金子光晴自傳式遊歷世界經典之作）

どくろ杯

作　　者❖ 金子光晴
譯　　者❖ 楊明綺
封面設計❖ Bianco Tsai
內頁排版❖ 李偉涵
總　編　輯❖ 郭寶秀
責任編輯❖ 洪郁萱
行銷企劃❖ 力宏勳

國家圖書館出版品預行編目 (CIP) 資料

骷髏杯：日本昭和詩人金子光晴自傳式遊歷世界經典之作 / 金子光晴著；楊明綺譯. -- 初版. -- 臺北市：馬可孛羅文化出版：英屬蓋曼群島商家庭傳媒股份有限公司城邦分公司發行，2024.03
面；　公分. --（當代名家旅行文學；MM1159）
譯自：どくろ杯
ISBN 978-626-7356-64-7(平裝)
1.CST: 金子光晴 2.CST: 回憶錄
783.18　　113002863

事業群總經理❖ 謝至平
發　行　人❖ 何飛鵬
出　　版❖ 馬可孛羅文化
台北市南港區昆陽街 16 號 4 樓
電話：886-2-2500-0888　傳真：886-2-2500-1951
發　　行❖ 英屬蓋曼群島商家庭傳媒股份有限公司城邦分公司
台北市南港區昆陽街 16 號 8 樓
客服專線：02-25007718；02-25007719
24 小時傳真專線：02-25001990；02-25001991
服務時間：週一至週五上午 09:30-12:00；下午 13:30-17:00
劃撥帳號：19863813　戶名：書虫股份有限公司
讀者服務信箱：service@readingclub.com.tw
城邦網址：http://www.cite.com.tw
香港發行所❖ 城邦（香港）出版集團有限公司
香港九龍土瓜灣土瓜灣道 86 號順聯工業大廈 6 樓 A 室
電話：852-25086231　傳真：852-25789337
電子信箱：hkcite@biznetvigator.com
馬新發行所❖ 城邦（馬新）出版集團
Cite（M）Sdn. Bhd.（458372U）
41, Jalan Radin Anum, Bandar Baru Seri Petaling,
57000 Kuala Lumpur, Malaysia.
電話：+6(03)-90563833　傳真：+6(03)-90576622
電子信箱：services@cite.my
輸出印刷❖ 中原造像有限公司
初版一刷❖ 2024 年 3 月
紙書定價❖ 480 元（如有缺頁或破損請寄回更換）
電子書定價❖ 336 元

城邦讀書花園
www.cite.com.tw

ISBN：978-626-7356-64-7（平裝）
ISBN：9786267356654（EPUB）